500 000 EUROS
D'ARGENT DE POCHE

Du même auteur, dans la même collection :
Plus fort que la police

500 000 EUROS D'ARGENT DE POCHE

RÉMI STEFANI

RAGEOT

Cet ouvrage a été imprimé sur un papier
issu de forêts gérées durablement,
de sources contrôlées.

Direction artistique : Françoise Maurel.
Couverture de Yannick Nory.

ISBN 978-2-7002-3933-1
ISSN 1766-3016

© RAGEOT-ÉDITEUR – PARIS, 2013.
Tous droits de reproduction, de traduction et d'adaptation réservés
pour tous pays. Loi n° 49-956 du 16-07-1949 sur les publications
destinées à la jeunesse.

1

J'habite une maison le long de la Moselle. Une petite maison tout ce qu'il y a de plus normale. Enfin, normale en plus moche, dit mon copain Louis pour m'énerver. Il a presque la même à cent mètres de chez moi. Mais lui, ses parents appartiennent au genre maniaque.

Dès qu'ils aperçoivent une crotte de pigeon sur un rebord de fenêtre, ils repeignent la façade entière. Et chaque soir, ils passent la tondeuse sur le gazon et finissent les bordures avec une paire de ciseaux. Alors forcément, on ne peut pas lutter.

Chez moi, on a une façon très différente de jardiner. Une fois par an, mon père sort en levant les bras au ciel et en criant

« Allez, au boulot ! ». Puis, armé d'une serpe et d'une grosse scie, il taille à la va-vite toutes les branches qui dépassent et il les rassemble en un gros tas qu'il transporte contre le mur du fond.

– Tu verras, Aurélien, me dit-il, dans quelques années, ça nous fera un terreau génial.

En attendant, ça s'entasse tous les ans un peu plus haut. Remarquez, je ne vois pas ce qu'il ferait de son terreau, vu que le jardinage et lui, ça fait deux. Les spécialités de mon père, c'est le foot et les copains. Et croyez-moi, ça ne lui laisse pas beaucoup de temps pour rempoter des plantes.

Donc, il y a la maison, puis le jardin et, derrière le gros tas de cochonneries du fond, il y a la rivière. Et juste entre elle et le mur d'enceinte de notre terrain, il y a le sentier de randonnée. C'est là, à une dizaine de mètres de notre porte, qu'on a trouvé le type. Raide mort. Criblé de balles. Et pas beau à voir.

Il n'était pas encore sept heures quand un jogger a découvert le corps. Comme il n'arrêtait pas de le répéter après, ça lui avait fichu un choc. C'est bien fait, ça lui apprendra à aller courir si tôt. Entre parenthèses, ce n'est pas à moi qu'un truc pareil arriverait. Moi, à sept heures, ma mère monte me réveiller pour la troisième fois. En général, c'est à ce moment-là qu'elle me dit :

— Je te préviens, Aurélien, je ne monterai pas une quatrième fois. Si tu es en retard, ne compte pas sur moi pour t'écrire un mot d'excuse. Et ne fais pas de bruit en descendant, y a ton père qui dort.

Comme fainéant, il se pose là, lui aussi. Après ça, ses copains s'étonnent qu'il soit tout le temps en forme, qu'il passe sa vie à rigoler. Avec ce qu'il roupille, il ne manquerait plus qu'il soit fatigué ou de mauvaise humeur. Maman prétend que je tiens de lui :

— Bonne nature, un peu marmotte sur les bords, c'est bizarre que tu n'aimes pas le foot.

Faut croire que je tiens aussi d'elle, un peu.

Bref, exceptionnellement ce matin-là, papa s'est levé tôt. Maman s'était approchée du lit et, doucement, elle lui avait touché l'épaule.

– Benoît !
– Mouais...
– Benoît !!!
– Mouais... quelle heure c'est ? avait-il gémi.
– Sept heures.

Il avait soupiré en se retournant.

– Quoi ? Quesquignia ?
– Y a un mort sur le chemin. C'est un crime !!! Madame Justin est venue me prévenir.

Mme Justin, c'est notre voisine. Quand il se passe quelque chose d'horrible à cinq kilomètres à la ronde, elle est au courant avant tout le monde. À mon avis, elle a un radar greffé dans le cerveau ou des antennes spéciales, celles qui captent uniquement les mauvaises nouvelles.

Si une voiture se fait écrabouiller par un bus ou si un pêcheur se noie dans la Moselle, vous aurez droit aux détails les plus précis, l'œil arraché, les doigts écrasés par le volant ou le visage violacé du cadavre. Un enfant ne l'intéresse que s'il vomit ou a la diarrhée.

Mme Justin, c'est la championne du désastre et de la catastrophe réunis. C'est simple, vous l'écoutez une heure et vous avez l'impression d'avoir regardé un an de journal télévisé.

Donc, trente secondes après avoir sauté du lit, mon père avait enfilé son jogging et avalé son café. Il m'a rejoint au fond du jardin, m'a ordonné de ne pas bouger et est sorti sur le chemin où la police venait d'arriver.

– S'il vous plaît, monsieur, on n'approche pas, lui a intimé un agent.

– J'habite à côté. Juste là. Je me suis dit que je pouvais peut-être être utile...

– Vous habitez là ? Vous avez entendu quelque chose ?

– Euh, effectivement, j'ai l'impression que...

Tu parles ! Avec son sommeil de plomb, je me demande ce qu'il aurait remarqué. Il rêvait au dernier but de l'Inter de Milan, plutôt. Oui, c'est ça, il avait confondu. C'était pas un coup de feu, c'était un coup franc. Quand il s'agit de jouer les malins, mon père est toujours partant. J'ai eu honte pour lui.

– Bon, restez là. Le commissaire vous interrogera quand il aura fini.

Content de lui, papa a bombé le torse et s'est approché, histoire de ne pas en perdre une miette. Il faut avouer que ça valait le déplacement. La flaque de sang mesurait un bon mètre de large.

– Ils risquaient pas de le louper, a dit le commissaire à son adjoint. T'as vu le carnage ! À propos, qui est-ce qui a prévenu les journalistes ?

– Une voisine, je crois. Celle qui nous a appelés.

– C'est pas vrai, ces pipelettes !

Le portable d'un jeune flic a sonné. Il a décroché et a commencé à noter des trucs sur son carnet. Quand il a fini sa conversation, le commissaire a ouvert le permis de conduire qu'ils avaient trouvé dans la poche du mort.

– Alors ils racontent quoi au central sur notre... Arnaud Lebrun.

– L'adresse est bonne. 27 quai Doumergue. Il est comptable et travaille à son domicile.

– Comptable ? Mais qu'est-ce qu'un comptable fichait ici en pleine nuit ?

– Son jogging, peut-être, a répondu le jeune en rigolant.

– Très drôle, a répliqué le commissaire.

Le jeune, un blond avec une grande mèche sur le front, a eu le même air que moi quand un prof me prend à raconter une blague en classe.

À ce moment, mon père, qui regardait toujours, s'est légèrement décalé sur la gauche, en plein entre le cadavre et moi. Je n'y voyais plus rien. Je me suis déplacé sur le tas du fond, en faisant le moins de bruit possible. Et bien sûr, j'ai glissé. J'ai senti mon corps s'enfoncer dans les branchages, jusqu'aux genoux.

C'est un objet rectangulaire, sur lequel j'ai posé le pied, qui m'a empêché de descendre plus bas.

En m'accrochant aux pierres du mur, je suis remonté. J'ai passé la tête, discrètement. Personne n'avait rien entendu.

Alors, j'ai regardé vers le bas.
Et c'est là, au milieu des branches, que j'ai aperçu la sacoche.

2

C'était une sorte de cartable, pas très grand mais épais. Et marron foncé. Je ne l'aurais jamais vu si je n'avais pas mis le pied dessus. Ça m'a fait un tel choc que je me suis senti rougir.

Cette sacoche paraissait toute neuve, elle n'était pas là depuis longtemps et elle n'était pas arrivée sur le tas du fond par hasard. Elle avait forcément quelque chose à voir avec le type, allongé de l'autre côté du mur. C'était sûr. À cent pour cent.

Vous, qu'auriez-vous fait à ma place ? Vous vous seriez baissé, vous auriez ramassé la sacoche et vous auriez crié aux policiers : « Venez voir, j'ai trouvé quelque chose ! ». Non ?

Eh bien, c'est exactement comme ça que j'ai réagi. Je me suis allongé sur le tas en m'écorchant le visage aux branches, j'ai tendu le bras le plus possible et, du bout des doigts, j'ai attrapé la poignée de la sacoche. Et puis là, je ne sais pas ce qui m'a pris. J'avais la poignée dans la main, j'allais me redresser et crier quand je me suis immobilisé.

Pourquoi ? Va savoir ! Il y avait sans doute trop de pensées qui me traversaient la tête. J'ai songé à ce qu'il pouvait y avoir dans cette sacoche. Ça m'intriguait.

Je me suis aussi demandé ce qui se passerait si je gardais tout ça pour moi et comme je n'ai pas trouvé de réponse, j'ai décidé que ça valait le coup d'attendre, pour y réfléchir. Après tout, qu'est-ce que ça changerait que je leur annonce ma trouvaille maintenant ou plus tard ?

Enfin, je me suis dit que papa serait furieux si c'était moi qui devenais le héros de la journée. Il avait l'air tellement heureux d'être aux premières loges, je ne voulais pas le décevoir.

Alors, l'air de rien, j'ai laissé retomber la sacoche. Il faisait beau, elle pouvait bien attendre ce soir. Je n'allais pas risquer de me faire surprendre avec ça, il y avait trop de monde autour. Pour dire la vérité, j'ai même placé quelques petits branchages dessus, pour la dissimuler encore mieux.

Celui que je craignais le plus, à ce moment, c'était Bidouille. Notre chien. Il passe ses journées à fouiner dans le jardin et, comme dit papa, si la moitié des gens étaient aussi intelligents que lui, le monde irait drôlement mieux. Bidouille est un bâtard. Et même un croisement de bâtards, affirme fièrement papa. C'est pour ça qu'il est si malin. Mon père a horreur des chiens pure race. Pour lui, ils ont tous un petit pois dans le cerveau.

Un jour, quelqu'un lui a dit :
– Oh, il est marrant votre chien, c'est un jack-russell ?

Papa était vexé comme un pou. En tout cas, maintenant, je sais à quoi ressemble un jack-russell. À Bidouille.

Ce qui m'a rassuré, c'est que Bidouille n'aime pas le tas de branches du fond du jardin. Il se prend les pattes dedans alors, il évite. Quand il y va, c'est pour faire pipi dessus, histoire de se venger sans doute.

Bref, quand j'ai repassé le visage par-dessus le mur, le cœur battant à toute pompe, un des policiers parlait à l'oreille du commissaire. Celui-ci a regardé papa, l'air soupçonneux, et s'est approché de lui.

– Bonjour, alors, vous habitez juste à côté ? Il paraît que vous avez remarqué quelque chose ?

– Moi ? Euh, j'ai eu l'impression, oui, mais vous savez, dire exactement...

– C'était quelle heure ?

– Ben, euh, je ne sais pas vraiment. J'imagine, euh, entre deux et quatre heures. Quoique, peut-être cinq ou six. Quand on dort, hein, c'est difficile de savoir. J'ai pas regardé ma montre...

– Mais ça vous a réveillé ? Quatre coups de feu, ça doit s'entendre, non ?

– C'est sûr... euh... Ils avaient peut-être des silencieux...

Pitoyable. Je l'aurais parié. Le commissaire s'est tourné vers son jeune collègue, il l'a interrogé du regard et comme l'autre n'a pas pipé mot, il est revenu vers papa.

– Bon, eh bien merci. Grâce à vous, on a rudement avancé. On vous rappellera si on a besoin de vous.

Il ne lui a même pas demandé son nom. C'est tout dire.

Trois minutes après, deux autres policiers en uniforme sont arrivés avec un brancard, ils ont posé le corps dessus et ils se sont tous envolés comme des moineaux.

Et moi, j'ai commencé la plus longue journée de ma vie.

3

Quand je suis arrivé en cours, avec un mot d'excuse de maman, j'avais le cerveau en compote à force de retourner cette histoire dans ma tête.

La surveillante a lu la prose de ma mère :
« Veuillez excuser le retard de mon fils Aurélien, dû au crime qu'il y a eu devant la maison. »

Elle n'avait pas pu s'empêcher d'en parler ! À la tête de la surveillante, j'ai vu qu'elle ne devait pas souvent recevoir des excuses de ce style.

– Qu'est-ce que veut dire ta mère ? Il y a vraiment eu un crime devant chez toi, Aurélien ?

– Oui. Ils ont tué un type le long de la rivière. Quatre balles, qu'ils lui ont mis, j'ai précisé en imitant un pistolet avec la main.

– Comment ça, ils ? Qui a tué cet homme ?

– Je sais pas. Mais lui, il était comptable. Vous voyez à quoi ça mène d'être fort en maths !

– Je t'en prie. Ne sois pas impertinent, Aurélien ! La police est venue ?

– Oui, c'est pour ça que je suis en retard.

– Attends. Tu veux dire que tu as tout vu ?

– Pas le crime. Mais le type, oui.

– Mon Dieu ! Et tes parents t'ont envoyé au collège ?

– Ben quoi ? C'est pas moi qui suis mort.

Elle a soupiré et m'a dit que si je ne me sentais pas bien aujourd'hui, je n'avais qu'à aller la voir. Et elle est repartie en secouant la tête et en levant les yeux au ciel.

D'un côté, elle avait raison. J'aurais nettement préféré rester à la maison. L'idée d'avoir à attendre le soir pour ouvrir cette satanée sacoche, c'était trop pour moi.

Pendant le cours de français, j'ai échafaudé toutes sortes d'hypothèses.

Elle contenait des documents hyper secrets. Ce type, il n'était sûrement pas comptable. C'était un espion et des agents de la CIA l'avaient descendu. Ou plutôt la sacoche était bourrée de drogue, il allait la livrer quand des trafiquants avaient essayé de l'embrouiller. Pas de pot pour eux, il avait caché la mallette avant. Peut-être qu'il y avait un flingue dedans ? Oui, c'est ça, un 357 Magnum, comme celui de Bruce Willis ! Mais non pauvre pomme, dans ce cas, il se serait défendu et quand tu vois les trous que ça fait, ils auraient été mal, les autres !

Et s'il y avait du fric dedans ? Ça, ce serait super. Je pourrais aller en scooter au collège. La frime ! La frime !

– Aurélien, tu peux me répéter ce magnifique vers de Ronsard ?

– Euh, Ronsard ?

– « Mignonne, allons voir… » Je t'écoute, Aurélien.

Un zéro de plus.

– Mais madame, y a eu un crime devant chez moi ce matin, alors forcément, je pense plus qu'à ça… C'est pour cette raison que j'étais en retard.

– Tiens donc. Un crime devant chez toi !

– Oui, ils ont tué un comptable.

Je vous raconte pas le succès. Ronsard, ça te l'a aplati vite fait. Bruce Willis l'a anéanti, direct et sans bavures. Quatre balles de 357 Magnum dans le buffet, Ronsard ! J'ai eu une petite pensée pour le comptable. Grâce à lui, la prof m'a enlevé mon zéro. Elle a eu du mal à terminer son cours, la pauvre.

Toute la journée, j'ai été obligé de répéter mon histoire. Louis était furieux. Chez lui, ils ne s'étaient rendu compte de rien.

– Devant chez toi, ça aurait sali ! j'ai conclu. C'est mieux comme ça, non ?

Il était vert.

Naturellement, je n'ai pas évoqué la sacoche. Pas un mot. J'avais trop peur d'avoir fait une bêtise. Tout à coup, j'ai réalisé qu'il y avait peut-être un truc dangereux dedans. Il y avait peu de risques mais on sait jamais, hein ? Fallait que je sois prudent. Vachement prudent.

Jusqu'à quatre heures, ça a été comme ça. Interminable. Infernal. Je regardais ma montre toutes les deux minutes.

Puis, quand la cloche a enfin sonné, Louis est arrivé.

– Je te raccompagne. Faut que je voie ça.
– Mais y a plus rien à voir, Louis.
– Ouais, mais le sang, il est toujours là.
– Demain, il y sera encore. De toute façon, ma mère ne voudrait jamais que tu restes. Ça l'a complètement retournée, cette histoire.

Il a insisté. Mais il n'était pas question qu'il débarque à la maison. J'avais du travail qui m'attendait, moi, au fond du jardin !

Ça tombait à pic, ma mère sortait faire des courses au moment où je rentrais. J'allais être tranquille. J'ai attendu trois minutes, au cas où elle aurait oublié quelque chose, et je suis sorti à mon tour, côté jardin.

Il n'y avait personne aux alentours, pas un voisin, pas un promeneur le long de la rivière. Les berges étaient silencieuses. J'ai senti mon cœur accélérer. Faut y aller, Aurélien, faut y aller !

Quand j'ai atteint le tas de branchages, j'ai remarqué que la sacoche était toujours à sa place. Je l'ai plus devinée que vraiment aperçue mais en tout cas, j'étais certain que pas un chat n'était venu là de la journée.

Trente secondes plus tard, j'ai attrapé la poignée de la sacoche dans la main. Je l'ai remontée doucement, en zigzaguant entre les branches mortes. Elle pesait moins lourd que je ne l'avais cru ce matin. Il n'y avait rien de dangereux là-dedans, c'était garanti. Aussi sûr que deux et deux font quatre.

Je l'ai posée sur le tas et j'ai jeté un coup d'œil circulaire. Toujours personne qui puisse me voir.

En fait, c'était plus un porte-documents qu'une sacoche. Je l'ai palpé des deux mains, à plat. Pas de Magnum 357, je l'aurais senti, même à travers le cuir.

Lentement, l'œil presque collé dessus, j'ai ouvert la fermeture éclair centimètre par centimètre et quand j'ai aperçu le contenu, mon cœur s'est arrêté.

4

Le temps de remonter dans ma chambre, la sacoche serrée contre moi, je crois que je n'ai pas respiré une seule fois. Je suis arrivé là-haut, je me suis assis sur ma chaise et d'abord, j'ai essayé de reprendre mon souffle.

Puis je l'ai ouverte à nouveau. Des billets. Des centaines de billets. Des liasses de cinquante et de cent euros.

Combien il y en avait ? Je sais pas, il y en avait trop.

Je crois que si j'avais entendu le moindre bruit dans la maison, je me serais évanoui sur-le-champ. Mais non, tout était si calme que je n'entendais que le cliquetis de mon cerveau qui additionnait, qui multipliait.

J'avais déjà vu un billet de cinquante mais jamais un de cent. Je vous assure qu'ils sont beaux. J'ai sorti une liasse et j'ai commencé à la compter. Mes doigts tremblaient tellement que j'ai dû me tromper dix fois. Quatre-vingt-dix-neuf, quatre-vingt-dix-huit, cent deux, cent, cent un, j'en ai déduit qu'il y en avait cent. Dans la main, j'avais... dix mille euros ! Incroyable. Vous savez combien ça pèse, dix mille euros ? Rien ! Presque rien.

Des liasses comme celle-ci, il y en avait au moins une cinquantaine. Je me suis demandé combien ça faisait de DVD, de consoles de jeux, de scooters mais j'ai arrêté très vite. Ça faisait trop et les maths, c'est pas mon truc.

C'est là que j'ai commencé à avoir peur. J'ai compris pourquoi ils avaient tué le comptable, Arnaud Lebrun, 27 quai Doumergue. Moi, quelqu'un essaierait de me voler les quarante-sept euros cinquante que j'ai dans ma tirelire, je l'aurais vraiment très mauvaise, alors cinquante liasses de dix mille, vous pensez ! Si ça se trouve, on peut même s'acheter une Ferrari, avec tout cet argent.

Je ne sais pas pourquoi mais, soudain, j'ai eu l'impression d'avoir une bombe entre les mains. J'ai vite remis les paquets de billets dans la sacoche et je l'ai rangée dans le fond de mon placard, derrière mes affaires de sport.

Et puis j'ai essayé de me calmer et de réfléchir. Comment est-ce que j'allais annoncer ça aux parents ? Il y a des trucs qu'on peut garder pour soi mais là, c'était trop gros pour moi. J'ai imaginé la réaction de maman.

– Benoît, appelle la police, immédiatement.

– Attends, Magali, répondrait sûrement papa. On ne sait même pas à qui il est cet argent.

– Appelle la police, s'il te plaît. Il est hors de question que cette sacoche reste une minute de plus à la maison.

Du coup, je me suis dit que j'en parlerais d'abord à papa. Maman, elle, raconterait ma découverte aux policiers et on n'en entendrait plus jamais parler, c'était évident. Alors que papa, lui...

Mon père est employé à Pôle Emploi. Son métier, c'est de trouver du travail à ceux qui n'en ont pas. D'après lui, la plupart du temps, son boulot ressemble à *Mission Impossible*. Mais il ajoute aussi qu'il a de bons côtés.

– L'avantage, c'est qu'avec le nombre de gens qui sont sur le carreau, moi, je ne risque pas de me retrouver au chômage.

Il dit toujours que quand on voit l'argent qu'il y a dans ce pays, on ne comprend pas que tant de gens n'en aient pas. Et que si lui, il était riche, il saurait très bien quoi en faire, de son argent.

Oui, c'est sûr que papa, il saurait quoi décider. J'attendrais qu'on ait fini de dîner et puis je l'appellerais dans ma chambre.

Quand on s'est mis à table, papa était tout excité.

– Alors, y a eu du nouveau ? a-t-il demandé à maman. La police est revenue ?

– Non, je n'ai vu personne. J'achèterai le journal demain. Ils donneront peut-être des détails.

– Quelle histoire ! Au bureau, ils n'en revenaient pas quand je leur ai raconté ça. T'aurais vu la tête du comptable quand je lui ai dit qu'il faisait un métier à risques !

Il en riait tout seul. Moi, j'ai pensé que c'était lui qui n'allait pas en revenir, tout à l'heure, quand je lui montrerais la sacoche. Il a continué à parler de sa journée, de la réaction de ses collègues. À mon avis, il n'avait pas dû trouver du travail à beaucoup de chômeurs, aujourd'hui.

Tout à coup, papa a bondi de son siège. Il s'est précipité vers la télé et a allumé juste à temps. Les infos venaient de commencer.

– *... et puis ce drame, survenu en pleine nuit sur les bords de la Moselle. Il était sept heures ce matin quand un jogger a fait une macabre découverte. Monsieur Arnaud Lebrun, un comptable apparemment bien tranquille, a été retrouvé assassiné sur le sentier de randonnée qui longe la rivière, en amont de l'écluse. La police, qui estime l'heure du meurtre à quatre heures du matin, s'est pour l'instant refusée à tout commentaire...*

Maman, papa et moi étions tous les trois scotchés devant l'écran. On apercevait la rivière, les arbres, les voitures de police garées, gyrophares allumés, sur le pont. Et puis on a vu le départ du sentier, deux policiers en uniforme qui interdisaient aux journalistes de s'avancer et, au loin, un groupe de gens autour du corps, étendu sur le sol.

– Regarde, c'est moi, là-bas, a crié papa.

On le distinguait en effet, dans sa tenue de jogging, debout à côté du commissaire.

– Tu aurais pu t'habiller un peu mieux, quand même, a commenté maman.

– Je ne pouvais pas savoir que j'allais passer à la télé.

Ça n'a pas loupé. Une minute plus tard, le téléphone sonnait. C'était un copain de papa qui venait de le reconnaître. Mon père rayonnait. Encore un peu et il allait distribuer des autographes. Quand il a raccroché, maman n'a pas pu s'empêcher de le chambrer.

– Il n'y a pas à dire, ça fait un drôle d'effet d'avoir une célébrité dans la famille. Johnny Depp a intérêt à bien se tenir.

Papa a rigolé. Il n'était pas dupe. Puis maman a regardé mon assiette et a froncé les sourcils.

— Qu'est-ce qui se passe, Aurélien ? Tu n'as pas faim ?

— Si, si.

J'ai pris une bouchée de mon omelette. Elle était presque froide. Je l'ai avalée sans m'en rendre compte. Je n'arrêtais pas de penser à ce tas de billets, dans le fond de mon placard.

— Papa, j'ai demandé, ça coûte combien une Ferrari ?

— Cher.

— Ça, je sais. Mais combien ?

— Très cher. Pourquoi tu me demandes ça ?

— Comme ça, pour savoir.

— Tu veux t'en acheter une ?

Maman et lui ont échangé un sourire.

— Ça risque pas, j'ai répondu. Tu ne veux pas me dire combien ça coûte ?

— Mais je n'en sais rien, Aurélien. Enfin, pas exactement. C'est trop cher pour nous en tout cas.

— Ça coûte plus cher que notre maison ?

— Non. Enfin, peut-être à peu près pareil.

— Louis, il dit que sa maison vaut au moins un milliard.

Papa et maman se sont regardés et ils ont éclaté de rire.

– J'aimerais bien, a rigolé papa. Mais tu vois, ton copain Louis, il n'a pas une très bonne notion des prix.

– Ah bon ? Alors, c'est que tu sais combien ça vaut. Pourquoi tu ne me le dis pas ?

– Parce que ça ne te regarde pas.

– C'est parce que tu sais pas, hein ?

– Ça suffit maintenant, Aurélien, a grondé maman. D'abord, tu ne réponds pas comme ça, ensuite, les enfants ont mieux à faire que s'occuper d'histoires d'argent. Tu auras bien le temps plus tard. Qu'est-ce qui te prend ce soir, à poser ces questions ?

J'ai senti qu'il valait mieux s'arrêter là. Mais ils m'énervaient à ne pas vouloir me répondre. Qu'est-ce que ça a de secret, le prix d'une Ferrari ou d'une maison, hein ? Finalement, j'ai décidé de garder ma découverte pour moi. Ça leur apprendrait à me prendre encore pour un enfant.

Quand je me suis couché, maman est venue me voir. Elle s'est assise sur le bord de mon lit.

– Ça va ? J'ai l'impression que nous sommes tous un peu perturbés par cette histoire, non ?

– Non, ça va. Moi, je trouve ça plutôt marrant. Ça change.

– Marrant ? Enfin, Aurélien, il y a un homme qui a été assassiné. C'est horrible, triste, tout ce que tu veux, mais sûrement pas marrant.

– Je sais... C'était une façon de parler.

– Bon, essaie de dormir maintenant, hein. Bonne nuit.

Bonne nuit, tu parles ! À deux mètres de moi, il y avait ce paquet de billets qui ne demandait qu'à être dépensé. Comment voulait-elle que je m'endorme tranquillement ?

5

C'est au milieu de la nuit qu'ils sont revenus. Au début, je me suis demandé d'où provenait ce bruit.

Quand il fait chaud et que je laisse la fenêtre ouverte, comme en ce moment, j'entends souvent des sons bizarres. Il y a toujours des trucs qui bougent sur la rivière, des animaux qui plongent ou qui se battent, des branches qui se coincent et qui font des remous dans le courant.

Mais là, c'était différent. On aurait cru des voix, comme des chuchotements.

J'ai regardé l'heure sur mon réveil lumineux. Trois heures quarante-cinq. D'habitude, je ne me serais jamais réveillé pour si peu. Il faut croire que j'étais énervé.

Je me suis levé et je me suis approché de la fenêtre, en prenant garde de ne pas me montrer. Et quand mes yeux se sont habitués à l'obscurité, je les ai aperçus. Ou plutôt, devinés.

Il y avait deux silhouettes qui s'agitaient sur le sentier. Avec les arbres qu'il y a dans le fond du jardin, ce n'était pas facile de les distinguer. Les deux n'allumaient leur lampe que par intermittence, sans doute pour qu'on ne les remarque pas. J'en ai déduit que ce n'étaient sûrement pas les policiers.

Immédiatement, j'ai pensé à la sacoche. C'était elle qu'ils devaient chercher.

J'avais trop envie de savoir. J'ai enfilé mes chaussons pour ne pas faire de bruit en descendant l'escalier et je suis sorti de ma chambre.

Naturellement, en arrivant en bas, je suis tombé sur Bidouille, excité comme une puce. Il n'a pas l'habitude de me voir la nuit. Comme il couche côté rue, il n'avait rien entendu. Il frétillait de la queue et j'ai eu la trouille qu'il aboie. Je l'ai calmé et enfermé dans la cuisine, là où il a son panier.

Notre salle à manger donne sur le jardin. Il y a une grande baie coulissante qu'il suffit d'ouvrir pour se retrouver sur la terrasse en ciment que papa a construite avec ses copains, l'année dernière. Je me souviens encore de son air ravi quand il avait dit :

– C'est du beau boulot ! Et puis c'est toujours ça qu'on n'aura pas à tondre.

Je me suis accroupi et, millimètre par millimètre, j'ai fait glisser la porte-fenêtre. Sur mon visage, j'ai senti la fraîcheur de l'air extérieur. Il n'y avait plus un bruit, plus un seul mouvement. Étaient-ils repartis ?

Je me suis faufilé par l'ouverture en m'abritant derrière les hortensias que maman a plantés dans de grands pots, sur la terrasse. Avec mon pyjama bleu marine, il aurait fallu des yeux de chat pour m'apercevoir.

Encouragé par le silence, j'ai avancé jusqu'au gros buisson sur la gauche, à mi-distance du mur du fond. C'est une cachette idéale. Même en plein jour, on peut passer vingt fois devant sans deviner que le milieu est creux. Avec Louis, c'est là qu'on vient quand on veut être tranquilles.

J'ai écarté les feuilles et je me suis installé sur les blocs de mousse que Louis a apportés de chez lui. Il faisait bon, presque tiède, je suis sûr que j'aurais pu dormir là.

Je n'ai pas eu le temps de m'assoupir. Ils sont revenus sur le sentier et se sont arrêtés juste devant la maison. Ils étaient à cinq ou six mètres de moi. Un grand, vraiment balèze, et un plus petit, hyper nerveux. Il avait beau essayer de parler à voix basse, il était tellement excité que j'entendais tout ce qu'il disait.

– Il l'avait forcément avec lui, ct'empaffé, il est parti de chez lui avec. Et il y avait rien dans sa bagnole.

– T'imagines, s'il l'avait balancée à la flotte.

– Arrête. Personne peut balancer un paquet de pognon pareil.

– Avec la pétoche qu'y devait avoir !

– Quand même. Non, il a dû le planquer quelque part. Entre ici et le moulin.

– En tout cas, vaudrait mieux qu'on le trouve fissa. Parce que Manu, il avalera pas facilement qu'on ait paumé le fric, si tu vois ce que je veux dire.

– Il va croire qu'on l'a piqué, c'est ça ?

– Mets-toi à sa place.
– T'as raison ! Si cet abruti de comptable l'a foutu à la flotte, on est mal.
– Faut fouiller tout le chemin. Et partout autour.

Là, je vous certifie que j'ai senti mon cœur s'arrêter. J'étais bien caché mais s'ils entraient dans le jardin... Et puis heureusement, le grand balèze a continué.

– Il a dû planquer la sacoche au départ. Faut repartir du moulin.

Je l'aurais embrassé.

Ils se sont aussitôt éloignés et j'ai vu le faisceau de leurs torches disparaître dans l'obscurité.

Je n'en croyais pas mes oreilles. Est-ce que c'est eux qui avaient tué le comptable ? Je n'en savais rien mais, comme ça, à vue de nez, je les en croyais capables.

Il y a une chose dont j'étais sûr en revanche, c'est qu'ils étaient dans une mouise pas possible. Pour un peu, ça m'aurait donné envie de rigoler. Le Manu en question, il n'avait pas l'air facile.

Inutile de dire que je n'ai pas mis longtemps à regagner la maison. J'ai refermé la baie vitrée du salon et vérifié deux fois que le loquet était bloqué. J'ai alors commencé à mieux respirer.

J'ai ouvert la porte de la cuisine – s'ils revenaient dans le jardin, Bidouille les entendrait forcément – et je suis remonté dans ma chambre.

Mais pour me rendormir, ça a été une autre histoire.

Ce qui était affreux, c'est que je ne pouvais raconter à personne ce que j'avais entendu. Il aurait fallu que j'avoue à mes parents que j'étais sorti dans le jardin en pleine nuit, sachant que ces horribles types étaient là, juste à côté de moi.

J'imaginais la réaction de papa. Ou plutôt, je préférais ne pas l'imaginer. À tous les coups, j'allais me faire tuer ! Et dans le meilleur des cas, je pouvais dire adieu aux copains et à mes sorties pendant un sacré bout de temps.

Non, il fallait que j'invente un truc. Mais quoi ?

Et puis, je peux bien le reconnaître maintenant, il y avait cette histoire d'argent. Ce que je venais d'apprendre changeait tout pour moi. D'abord, ces types n'avaient aucune idée de l'endroit où le comptable avait jeté la sacoche et, mieux que ça, ils se demandaient même si elle n'avait pas fini dans la rivière.

Tout ce qui risquait de nous arriver si on la donnait à la police, c'est que Manu et ses complices l'apprennent et qu'ils cherchent à se venger. Alors que si je gardais le silence…

Après tout, qu'est-ce que ça pouvait me faire, moi, que leur copain Manu soit furieux ? Il croirait que ses complices avaient gardé l'argent pour eux ? Et alors ? Ils avaient bien mérité d'avoir quelques soucis, non ? Si ça se trouve, c'étaient eux qui avaient zigouillé le comptable.

Personne ne savait que j'avais trouvé cette sacoche. C'était peut-être une grosse, une très grosse bêtise que je me préparais à commettre, mais j'ai décidé que je n'avais pas envie de la rendre. Du moins, pas encore.

Le lendemain, avant que maman ne rentre, j'irais la cacher au grenier, derrière les cartons de vieux vêtements qu'elle a empilés contre le mur du fond, pour le cas où ils reviendraient à la mode dans une cinquantaine d'années.

Oui, c'était ça la solution. Se taire et faire comme si la sacoche avait disparu dans la rivière. On verrait bien.

6

Le lendemain matin, maman est montée trois fois. D'habitude, elle m'aurait incendié. Mais ce matin-là, elle s'est assise sur le bord de mon lit, l'air inquiète.

– Qu'est-ce qui se passe, Aurélien ? Tu n'as pas bien dormi ?

– Non, il y a eu du bruit sur le sentier. Ils sont revenus.

– Qui ça, ils ?

– Ceux qui ont tué le comptable.

Elle a soupiré.

– Réfléchis un peu Aurélien. Ceux qui ont commis ce crime vont plutôt essayer de se faire oublier. Et s'il y a un endroit qu'ils chercheront à éviter, c'est le sentier devant la maison.

– Pourtant, je les ai vus.

– Qu'est-ce que tu as vu ?
– Deux types. Ils discutaient. Je les ai vus de ma fenêtre.

Elle m'a observé, un peu ennuyée.

– Bon. Reste couché, je reviens.

Elle est descendue et je l'ai entendue discuter avec papa qui était déjà levé, ce qui m'a étonné. Puis elle est remontée et m'a passé la main dans les cheveux.

– Avec ton père, on s'est dit que ça ne te ferait pas de mal de dormir un peu plus. Tu veux rester à la maison aujourd'hui ?

– Et le collège ? j'ai murmuré avec une voix de malade.

– Je te ferai un mot. Dors. Et tout à l'heure, sors un peu Bidouille dans le jardin. Il sera content, il fait un temps magnifique.

– D'accord.

– Je te laisse mon portable. Je veux pouvoir te joindre si tu sors. De toute façon, je reviens à midi.

Elle m'a embrassé puis elle est partie au laboratoire médical où elle travaille. Un peu plus tard, j'ai entendu papa s'en aller, lui aussi. À Pôle Emploi, ils sont moins matinaux. À vrai dire, j'étais assez fier de mon coup. J'avais tellement peu dormi que je me voyais mal aller en classe ce jour-là. Et j'avais réussi à m'en sortir en disant *presque* la vérité.

Je me suis aussitôt rendormi. Je devais vraiment être fatigué. Je me suis réveillé à dix heures. J'ai pris mon petit-déjeuner en compagnie de Bidouille, ravi de me trouver là.

Ensuite, j'ai ouvert la trappe qui mène au grenier et je suis allé cacher la sacoche. J'ai longtemps hésité à prendre une liasse pour le cas où j'aurais eu envie de me faire un petit plaisir mais j'ai pensé que si maman trouvait dix mille euros dans mes poches, elle se poserait de sacrées questions.

Après, je suis sorti dans le jardin avec Bidouille. J'ai bien observé le tas de branches au fond. C'était impossible de voir que quelqu'un avait fouillé. Rien à craindre de ce côté-là.

Sur le sentier, un peu plus loin, il y avait un vieux type qui pêchait, à moitié endormi sur sa canne. On aurait dit un jour comme les autres. Bidouille s'est quand même arrêté à l'endroit où le comptable était allongé. Il a reniflé le sol comme si quelque chose le dérangeait. J'ai trouvé ça dégoûtant, alors on est rentrés.

À onze heures, papa m'a appelé.

– Ça va, Aurélien ?

– Oui, j'ai redormi.

– T'as bien fait. Faut que t'oublies cette histoire. C'est fini maintenant.

S'il fallait que je l'oublie, pourquoi il m'en reparlait ?

– T'inquiète pas, papa, ça va.

Il m'a dit qu'on irait au foot samedi après-midi. J'ai dit oui, pour lui faire plaisir. Après, j'ai failli aller quai Doumergue, l'endroit où le comptable habitait, juste pour voir. J'ai un copain, Charles, qui a une maison dans la rue d'à côté. Et puis, finalement, j'ai préféré attendre que maman rentre.

Elle est arrivée à midi pile et était pressée. Elle m'a expliqué qu'avec les rumeurs de grippe aviaire, tout le monde venait se faire faire des analyses de sang.

– Les gens sont cinglés, bientôt tu vas voir qu'ils vont sortir avec des masques à gaz !

Elle m'a préparé des pâtes à la carbonara, tout ce que j'aime, et elle est repartie en coup de vent. Elle a quand même trouvé le temps de me lancer :

– Profites-en pour réviser ton anglais et ranger ta chambre.

Je n'ai pas vraiment suivi ses conseils. Elle n'avait pas disparu depuis dix minutes que je suis remonté dans le grenier. La première fois que j'avais sorti l'argent de la sacoche, j'étais tellement sous le choc que j'avais tout remis dedans. Il fallait que je sache combien il y avait. C'était plus fort que moi.

J'ai sorti les liasses, une par une, et je les ai étalées sur le plancher. Et j'ai compté. Trente-cinq liasses de cent billets de cent, trente de cent billets de cinquante. J'ai pris le papier et le crayon que j'avais montés et j'ai calculé. Cinq cent mille euros. Tout rond. Comme je n'étais pas sûr, j'ai recompté, en commençant par les liasses de cinquante. Pareil.

Je n'avais jamais vu autant de billets de ma vie, sauf peut-être au Monopoly. Alors, forcément, je ne me rendais pas compte. La seule chose que je savais, c'est que ça devait faire beaucoup. Maman me donne cinq euros pour ma semaine. Devant moi, là, il y avait des années et des années de semaines.

À force d'accumuler les calculs, à force de remuer ça dans tous les sens, j'avais la tête qui tournait. J'ai rangé les liasses dans la sacoche, impeccable, et je l'ai replacée sous le tas de tee-shirts et de pulls que papa portait, quand il était jeune et maigre comme un clou.

Je suis bien resté une demi-heure assis là, en face des piles de linge que ma mère gardait, « pour le cas où ».

Et puis, je me suis levé d'un coup d'un seul, je suis redescendu, j'ai appelé Bidouille, je lui ai mis sa laisse et nous sommes partis faire un tour en ville. J'avais besoin de marcher, de prendre l'air. Et surtout de penser à autre chose.

Pas très loin de chez moi, dans la grande avenue qui mène au centre-ville, il y a un magasin de scooters. Ils vendent toutes sortes de modèles, des petits cinquante centimètres cubes aux gros monstres customisés.

D'habitude, je les regarde juste en passant avec mes parents, de l'arrière de la voiture. Comme je n'ai pas encore l'âge et que j'ai seulement quarante-sept euros cinquante d'économies, je ne vois pas ce que j'irais faire là-bas.

Louis, il va s'y promener au moins une fois par semaine, il reste une heure à baver devant le dernier Blaster Ice Blade, le Fuoco 500 ou le nouveau Jet Darkside et, quand il revient, il joue les grands pilotes comme s'il avait une bête de course dans son garage. J'ai droit aux pots d'échappement chromés qui sont trop, aux carénages flammés qui sont top, aux moteurs compressés de folie, aux accélérations qui t'arrachent la tête. Moi, je lui réponds qu'il se fait du mal et que, quand on aura quatorze ans, ces engins seront déjà des antiquités.

Mais ça, c'est ce que je disais avant. Maintenant que j'ai gagné au Loto sans même avoir coché les bons numéros, c'est différent, forcément.

Ce qui est génial dans ce magasin, c'est que, comme la vitrine est minuscule, ils sortent les scooters sur le trottoir dans la journée. Comme ça, on peut les regarder sous toutes les coutures, tranquille.

Immédiatement, j'ai repéré le préféré de Louis, le TKR Furious. Je l'ai reconnu à son double phare lenticulaire et à son pot sport, qui font tellement parler mon copain. Il était noir avec une flamme jaune dessinée sur la partie arrière.

Juste à côté, un vendeur était sorti astiquer les gros TMax. Il me regardait tourner autour du scooter.

– Alors, il te plaît ? il m'a demandé.
– Oui, j'ai fait. C'est le TKR Furious ?

Je voulais lui montrer que je m'y connaissais un peu, quand même.

– Exact. Le dernier modèle. Il est beau, hein ?
– Super. Combien il coûte ?
– Dans les deux mille.
– Deux mille euros ?

Aussitôt, je suis reparti dans mes calculs. Avec une seule liasse de billets, je pouvais en acheter cinq. Ça paraissait incroyable. Il a dû remarquer mon air étonné et a souri.

– Ça fait cher, pas vrai ?

Je me sentais un peu vexé. Mais il ne pouvait pas savoir, bien sûr. J'aurais eu envie de lui montrer ma sacoche, pour qu'il comprenne. J'ai fait celui qui n'avait pas de soucis de ce côté-là.

– Ça va, j'ai répondu. Je pensais que c'était plus.

– En tout cas, il va falloir que t'attendes un peu pour celui-là. C'est un cent vingt-cinq centimètres cubes. Sans permis, tu peux oublier.

— Ah oui. Et les cinquante, c'est lesquels ?
— C'est ceux du bout, là. T'as quatorze ans ?
— Bientôt, j'ai menti.

Il a rigolé encore une fois. Et puis, il m'en a indiqué un du doigt.

— Regarde celui-là. Le TKR Racing. C'est un cinquante mais c'est une bombe. Je suis sûr que tu vas aimer.

C'était un scooter rouge vif, avec une longue selle biplace noire. Plus beau, tu le crois pas. Je l'ai examiné en détail, les deux compteurs chromés, la mini bulle en plexi, le gros disque de freins ventilé à l'avant.

Tout à coup, je comprenais pourquoi Louis bavait comme un malade en me parlant de ces machines. Quand j'ai relevé la tête, j'ai vu que le vendeur continuait de se marrer. Ça devait lui plaire, qu'on aime ses scooters.

À ce moment-là, j'ai voulu aller en voir un autre et la laisse a résisté. Et j'ai aperçu Bidouille, patte arrière levée, qui était en train de faire pipi sur la magnifique jante du TKR. Ça dégoulinait le long des rayons, sur le pneu.

J'avais beau tirer sur la laisse, il continuait. J'ai cru qu'il ne s'arrêterait jamais.

Finalement, il a baissé la patte et, visiblement satisfait, a observé la mare qui coulait vers le caniveau.

L'air de rien, j'ai donné un grand coup sur la laisse et je me suis vite écarté du scooter. Je n'avais qu'une envie : m'en aller, vite.

Je suis repassé devant le vendeur qui a, une fois de plus, rigolé.

– Alors, je t'en mets combien ? il m'a fait.

– Euh, je sais pas, je vais réfléchir...

Je devais être rouge vif. Je me suis éloigné sans demander mon reste.

C'est seulement au bout de la rue, en pensant à la tête qu'allait faire le vendeur, que j'ai éclaté de rire. Après tout, c'était bien mon tour. J'ai quand même engueulé Bidouille.

– Tu me refais jamais ça, hein ! Vilain chien !

Il a penché la tête sur le côté en frétillant de la queue. Il est toujours comme ça, Bidouille. Quand on le gronde, il fait celui qui ne comprend pas.

7

Le temps de retourner à la maison, j'avais déjà calculé que je pouvais m'offrir deux cent cinquante scooters. C'est fou comme on devient bon en maths quand on est riche. Le seul problème, c'est que je ne voyais pas comment garer tout ça dans notre jardin.

Après réflexion, je me suis dit que le plus simple serait d'acheter une autre maison avec un grand garage. On y garerait la Ferrari de papa, la Mini Cooper de maman et puis, à côté, on mettrait mes deux scooters. Un pour moi et un pour prêter aux copains qui sont sympas.

J'étais à peine rentré qu'on a sonné à la porte. C'était Louis.

– Ben alors, il a dit. Pourquoi t'es pas venu au collège ? Il s'est encore passé quelque chose ?

– Quoi, t'es pas au courant ? j'ai répondu. Ils en ont tué un autre, au bout du jardin cette fois.

– Non ?

– Si ! Y a eu un échange de coups de feu. Je suis allé à ma fenêtre et je les ai vus se canarder... Ça pétait de partout, c'était dingue.

– Ouais, t'as trop de chance ! Et alors, y en a un qui s'est fait descendre ?

– Oui, Bruce Willis a bondi du sentier, il a fait un double flip dorsal en sautant par-dessus le mur, il tirait sur tout ce qui bougeait...

– Bon, arrête, t'es pas drôle.

Il n'avait pas l'air d'apprécier la blague alors j'ai proposé de lui montrer l'endroit où le comptable était mort. Après, ça allait mieux.

– Je blaguais qu'à moitié, je lui ai expliqué. Cette nuit, j'ai entendu du bruit, j'ai glissé un œil par la fenêtre et j'ai aperçu deux mecs louches sur le sentier.

Il m'a jeté un regard soupçonneux.

— T'es encore en train de me vanner, hein ?

— Non. Je te jure que c'est vrai.

J'ai levé la main.

— Sur l'honneur, j'ai ajouté.

— Et alors ?

J'ai hésité à tout lui raconter, la sacoche, l'argent. Ça me brûlait les lèvres, j'avais du mal à garder ça pour moi. Louis, c'est un vrai copain, je peux compter sur lui.

— Je suis descendu et je me suis caché dans le buisson.

— Je te crois pas.

— Juré, je te dis. J'ai entendu les types. Ils étaient fous de rage. Ils cherchaient une sacoche pleine de fric que le comptable avait dû planquer quelque part. J'avais les jetons qu'ils entrent dans le jardin, tu peux pas savoir. Et puis finalement, ils ont dit qu'ils allaient chercher vers le moulin.

— Vers l'ancienne minoterie ? Sur l'île ?

— J'en sais rien, je suppose.

— T'as raconté ça à tes parents ?

— Que j'étais descendu dans le jardin ? Ça va pas ! Ils m'auraient tué. Je leur ai juste dit que je les avais vus de ma chambre. Mais ils ont dû croire que j'inventais des trucs, que j'étais fatigué et énervé. C'est pour ça qu'ils m'ont autorisé à rester...

Mais Louis ne m'écoutait déjà plus. Il m'a interrompu.

– Tu te rends compte ! Si ça se trouve, tes types, ils n'ont pas trouvé l'argent ! Il est peut-être toujours là, caché le long de la rivière.

Aussitôt, j'ai regretté d'avoir parlé. Pourquoi est-ce que je ne peux pas tenir ma langue ? Je craignais le pire de la part de Louis. Et ça n'a pas raté.

– S'il est là, nous, on va le trouver. On connaît le sentier comme notre poche.

– Ça va pas, t'es dingue ! Si tu avais vu les types, tu n'aurais pas envie de tomber dessus. Ils ont tué le comptable, je te signale.

Ce que Louis ignorait, c'est qu'à moins de fouiller dans mon grenier, il ne la trouverait jamais, la sacoche. Il allait prendre des risques pour rien ! J'ai ajouté :

– Attends, soit ils l'ont déjà trouvée, soit tu as une chance sur deux de tomber sur les tueurs. En plus, ils se demandaient si le comptable n'avait pas balancé l'argent dans la rivière. Alors tu vois ! En tout cas, c'est sans moi.

– Mais quoi ? On a le droit de se promener, non ? On fera comme si on se baladait.

Il commençait à me faire peur.

– Écoute, Louis, c'est trop dangereux. J'aurais rien dû te dire. Si tu y vas, je balance tout à mes parents. Et je t'assure qu'ils appelleront les tiens.

– T'as la trouille, hein ? C'est ça ?

– Si tu veux. J'ai raison d'avoir la trouille. La semaine prochaine, je suis d'accord. En attendant, tu me jures que tu restes tranquille.

Il a réfléchi, pas convaincu. J'ai renouvelé ma menace.

– Sinon, je préviens mes parents.

– T'es pas drôle !

– Je sais, tu te répètes. Alors, tu jures ?

– OK. Mais lundi, on y va, hein ?

– D'accord.

On était vendredi. Ça me laissait un peu de temps pour trouver une solution.

Mais je n'étais pas rassuré. Quand Louis jure, il dit toujours que s'il ne crache pas en même temps, sa promesse ne vaut pas un clou.

Et là, tandis qu'il repartait chez lui, j'essayais de me souvenir. J'étais presque sûr, à quatre-vingt-dix-neuf pour cent, que Louis n'avait pas craché en levant la main.

8

Je m'en voulais à mort. Pourquoi avais-je raconté ça à Louis ? Le connaissant, j'étais sûr qu'il ne resterait pas inactif. Moi, l'idée d'avoir de l'argent, c'est un truc qui m'a toujours plu. Lui, c'est l'idée de ne pas en avoir qui le rend dingue. Son héros, c'est Bill Gates.

C'est pour ça que je ne lui avais pas parlé de ma trouvaille. Il en aurait exigé la moitié et aussitôt, il serait allé acheter pour mille euros de jeux vidéo au coin de la rue. La discrétion, c'est pas le fort de Louis. La prudence non plus. Je le voyais déjà en train de fouiller les buissons et se faire surprendre par les deux tueurs.

Je tournais cette sale histoire dans ma tête sans trouver de solution quand le portable de maman a vibré. J'ai décroché.

– Aurélien ?
– Oui.
– Tu es où ?
– À la maison. J'étais avec Louis, mais il vient de repartir.
– Ah bon ! Très bien. Tu restes là, hein ? J'ai encore un peu de travail et ton père ne rentre pas avant sept heures, lui non plus.
– D'accord. Je vous attends.
– Ça va ?
– Oui, très bien. Pourquoi ?
– Pour savoir. Ce matin, tu n'avais pas l'air dans ton assiette. J'aurais dû rester avec toi.
– T'inquiète pas, maman, je t'assure que ça va.

Par moments, c'est fou ce qu'elle m'énerve. On croirait que je suis à la maternelle.

En tout cas, je ne sais pas si c'était lié à son coup de fil mais, au moment où j'ai raccroché, la solution m'est apparue, évidente.

C'est bizarre, les idées. Il suffit parfois de penser à autre chose pour qu'elles vous tombent dessus, comme un coup de poing dans la figure.

Je me suis levé d'un bond, je suis allé chercher un sac plastique dans la cuisine, je suis monté dans le grenier, j'ai récupéré la sacoche, j'ai sorti les billets et, tout en réfléchissant à cent à l'heure, j'ai mis mon plan au point.

Puis je suis redescendu et j'ai appelé Louis. J'avais tellement peur qu'il aille traîner seul sur le sentier le lendemain matin – on n'a pas classe le samedi – que je lui ai donné rendez-vous à neuf heures, après le petit-déjeuner. Je lui ai raconté que j'avais quelque chose à lui montrer. Il a insisté pour savoir quoi mais j'ai refusé de le lui préciser, histoire de l'intriguer.

Tout à coup, ça allait déjà mieux. Et pourtant, le plus dur restait à faire.

Quand on s'est mis à table, le soir, mes parents ont soigneusement évité d'aborder le sujet du crime. Mais je voyais bien qu'ils ne pensaient qu'à ça.

Papa n'arrêtait pas de fixer l'écran noir de la télé en pensant qu'il ratait les infos, maman lui jetait des regards énervés, c'était trop marrant. Elle avait dû lui dire qu'il fallait absolument me sortir cette histoire de la tête et elle se démenait pour alimenter la conversation.

– Ah tiens, a-t-elle lancé, maman m'a appelée aujourd'hui. Elle voulait savoir si on passait Noël chez eux cette année.

J'aurais juré qu'elle n'avait pas reçu le moindre appel de mamie.

– Tu es d'accord, Benoît ? a-t-elle insisté.
– Comme tu veux. Si ça te fait plaisir.

Au ton de sa voix, je devinais qu'il s'en fichait totalement. D'habitude, c'est un sujet qui le met dans tous ses états. Il fait des pieds et des mains pour qu'on aille chez ses parents à lui, à la fin de l'année.

Maman a levé les yeux au ciel, excédée par sa réaction. Elle espérait sans doute qu'on passe le dîner là-dessus. Alors elle s'est tournée vers moi.

– Et toi, Aurélien, tu en penses quoi ?
– Bof ! Elle s'y prend tôt, cette année, mamie. C'est dans six mois Noël, non ?

Papa n'a pu s'empêcher de rigoler et maman l'a fusillé du regard.

– Eh bien justement. Comme ça pose toujours un problème à ton père, cette fois, elle a eu envie de prévoir les choses à l'avance. Il ne faudra pas venir te plaindre ensuite, Benoît.

Comme papa plongeait le nez dans son assiette, elle a décidé de se venger sur moi.

– Et à propos de vacances, tu as révisé ton anglais cet après-midi ?

– Ben… oui, j'ai menti.

Papa, que la colère de maman mettait de bonne humeur, m'a félicité.

– Very well, you are a good man, my son.

– On dit « boy », papa, pas « man ». « Man », ça veut dire homme.

Il avait l'air vexé et ça a été au tour de maman d'ironiser.

– Oh, tu sais, ton père et l'anglais, ça fait deux, hein ?

– Qu'est-ce que vous racontez ? Je sais très bien ce que ça signifie. Mais Aurélien est presque un homme maintenant, non ?

La mauvaise foi de papa ne connaît pas de limites.

Bref, le dîner s'est prolongé dans cette ambiance, avec papa qui avait pris le parti de rire et maman qui nous parlait de l'orage qui allait sûrement éclater, d'une recette de moules à la crème dé-li-cieuse, du tabouret de la cuisine que papa avait promis de lui réparer depuis un an...

Finalement, elle a apporté une tarte aux pommes. J'ai attendu que papa se jette sur sa part et je leur ai annoncé :

– Faut que je vous montre quelque chose.

– *Il* faut que je vous montre quelque chose, m'a corrigé maman. Que veux-tu nous montrer ?

– Quelque chose que j'ai trouvé dans le jardin.

J'avais l'air si mystérieux que papa en a posé sa part de tarte.

– Eh bien, montre.

– Vous me promettez que vous allez pas m'engueuler ?

– On ne dit pas engueuler, on dit « gronder ». Qu'est-ce qui se passe, Aurélien ?

Elle semblait inquiète. Je me suis levé.

– Je reviens, j'ai dit.

Je suis allé chercher la sacoche dans mon placard et je l'ai posée devant papa.

– J'ai trouvé ça sous les branchages du fond.

Ils observaient l'objet en cuir sans bouger, comme s'il allait leur exploser à la figure.

– C'est pas une bombe, j'ai fait.
– Tu as regardé dedans ? s'est exclamée ma mère.
– Ben oui.
Elle a poussé un soupir puis :
– Qu'est-ce que c'est ?
– Eh bien, regardez.
Mon père a saisi la sacoche. Il l'a posée sur ses genoux, tout doucement, et a écarté les poignées. Il a fait coulisser la fermeture éclair et a entrouvert les côtés.
– Nom de Dieu !
– Benoît ! Je t'en prie ! a protesté maman.
– T'as pas vu ce que je viens de voir, a répondu papa.
– C'est quoi ?
Sans répondre, papa a repoussé son assiette, ses couverts et son verre et, lentement, il a sorti les liasses une par une et les a alignées devant lui.
Maman s'est aussitôt levée.
– J'appelle la police !
– ATTENDS !
Papa et moi avions crié exactement en même temps. Maman a été stoppée net.
– Faut qu'on réfléchisse, a dit papa. Quand est-ce que tu as trouvé ça ?
– Hier.

– Et tu ne nous en as pas parlé ! m'a lancé maman.

– Je me suis dit que vous appelleriez la police et que si les tueurs l'apprenaient, ils viendraient se venger sur nous.

Mon père m'a regardé, stupéfait. Il a fait tourner son doigt près de sa tempe.

– C'est qu'il en a, là-dedans, a-t-il lâché, admiratif. Il n'a pas tort, notre Aurélien.

J'étais certain que j'aurais le soutien de papa. Je n'allais pas me faire incendier.

– Dès qu'il s'agit de tremper dans un truc malhonnête, tu es toujours partant, toi ! a rétorqué maman.

Et puis elle s'est penchée vers moi, soupçonneuse.

– C'est pour ça que tu nous parlais de Ferrari, hier soir ?

– Ben, oui mais…

Papa m'a sauvé la mise.

– Y a combien ?

Heureusement, j'avais prévu la question. J'ai répondu du tac au tac.

– Je sais pas. J'ai pas compté. Y en avait trop.

Alors, mon père s'est mouillé l'index et a commencé à compter en empilant les liasses, pendant que maman faisait des allers-retours d'un bout à l'autre de la pièce, en se triturant les cheveux avec les doigts. Puis, avec un grand sourire, papa a lâché son verdict.

– Cent cinquante mille euros. Tu te rends compte ? CENT CINQUANTE MILLE EUROS !

9

Je sais. Ce n'était pas bien ce que je venais de faire là. Pas bien du tout. Mais je connais mes parents. Il y avait neuf chances sur dix pour qu'ils apportent cette sacoche à la police. Et alors là, adieu les super scooters et la Ferrari. Adieu la Mini Cooper de maman. Parce que la police, je la connais aussi. Ce n'est pas elle qui nous en offrirait une partie en récompense.

Une belle médaille, ça, peut-être qu'on nous en remettrait une. Mais l'argent, on n'en entendrait plus jamais parler. Comme dit papa : « Le gouvernement, tu lui files des milliards en impôts et il est toujours à pleurer qu'il n'a pas un rond. C'est à croire qu'ils le brûlent, le fric qu'on leur donne. » Moi, je n'avais pas envie que ces billets partent en fumée. En tout cas, pas la totalité.

Et puis, prendre de l'argent à des gens qui l'ont volé – et qui ont sans doute tué pour l'avoir – est-ce que c'est vraiment si mal ?

Je verrais bien ce que décideraient mes parents. Il serait toujours temps de changer d'avis après. De toute façon, j'avais tout prévu. Si quelqu'un savait qu'il en manquait, j'irais glisser le reste sous les branchages, dans le sac en plastique qui était au grenier. Et, plus tard, je ferais semblant de le retrouver.

En attendant, papa n'en revenait toujours pas d'avoir ce paquet de billets devant lui. Il répétait :

– Tu réalises les années de boulot que ça représente ?

Du coup, je m'en suis voulu de ne pas avoir mis cinquante mille euros de moins dans la sacoche. En un rien de temps, je venais de sacrifier vingt-cinq scooters.

Doucement, comme s'il regrettait son geste, papa a commencé à replacer les liasses dans la sacoche. Je voyais qu'il réfléchissait dur. Et soudain, il a ressorti quelques billets, il les a observés attentivement, en a pris un de cinquante euros et il s'est levé. Il s'est dirigé vers la porte en nous lançant « Je reviens ». Maman lui a crié « Où tu vas ? » mais il était déjà parti. Nous sommes restés tous les deux à nous regarder, stupéfaits.

— Qu'est-ce qu'il va encore nous inventer ? a lâché maman, sans vraiment attendre de réponse.

— Il est peut-être allé acheter une bouteille de champagne...

— C'est ça, fais le malin, toi. Quand je pense que tu as ouvert cette sacoche sans savoir ce qu'elle contenait !

— Je l'ai palpée avant. J'ai bien senti qu'il n'y avait rien de dangereux.

— Je rêve ! Dites-moi que je rêve !

Papa est revenu cinq minutes plus tard, complètement excité. Il a jeté un carnet de timbres sur la table et s'est assis, abasourdi.

— Ils sont vrais ! À un moment, je me suis posé des questions alors je voulais être sûr. Je suis allé chez la buraliste. Dès que tu paies avec un gros billet, elle le passe dans son détecteur de faux. Et ça n'a pas loupé, elle a vérifié le mien. Et il était bon !

Mon père pense vraiment à tout. Moi, ça ne m'avait pas effleuré que je pouvais avoir trouvé des faux billets.

Lui aussi s'est mis à tourner en rond autour de la table. Entre maman qui faisait les cent pas dans un sens et lui dans l'autre, ils commençaient à me donner le tournis. Papa marmonnait tout seul. Quand il plisse le front comme ça, je sais qu'il mijote un truc pas clair. Un truc qui ne plaira pas à maman mais qu'il sortira quand même.

– Tu sais, Magali, a-t-il fini par lâcher, je pensais à quelque chose. Cette sacoche, en dehors du type qui est mort, personne ne sait combien il y a dedans…

Je le voyais venir gros comme une maison, mon père. Quand maman affirme que je tiens de lui, elle n'a pas tort.

– Alors, je me disais que…

Il s'est arrêté, cherchant ses mots.

– Que ? a répété maman sèchement.

– Que si on la donne à la police, on n'est peut-être pas obligés de tout mettre dedans !

– Benoît ! Tu réalises ce que tu dis ? Devant ton fils ! C'est ça l'exemple que tu donnes à Aurélien ?

– Écoute, Magali, s'est défendu papa, tu sais d'où il vient, cet argent ? De la drogue ou d'un truc du genre. Alors excuse-moi, je trouve un peu fort que ce soit moi que tu accuses de malhonnêteté.

Mon père, je l'adore. Il est vraiment très fort.

– Mieux que ça, a-t-il ajouté, qu'on remette ou non tout l'argent dedans, la police nous soupçonnera d'en avoir gardé une partie. C'est aussi sûr que deux et deux font quatre. Alors tant qu'à faire…

– Raison de plus pour se sentir irréprochables !

Ils ont continué leur séance de footing dans la salle à manger.

Puis, tout à coup, maman s'est arrêtée, elle s'est appuyée des deux mains sur la table et s'est adressée à papa.

– J'ai trouvé ! Demain, c'est samedi. Alors, tu vas faire celui qui nettoie son jardin et on appellera la police. On lui dira qu'on a aperçu une sacoche suspecte dans les branchages et qu'on n'ose pas y toucher. Qu'on se demande si le contenu n'est pas dangereux.

Il a écouté la proposition, en tordant le nez et la bouche.

– Comme ça, a-t-elle insisté, on ne sera pas soupçonnés de l'avoir ouverte.

Papa l'a regardée, une minuscule lueur d'espoir dans les yeux.

– Tu veux dire que... tu serais d'accord pour qu'on en garde une partie ?

– Comment peux-tu revenir là-dessus, Benoît ? C'est hors de question. Il est sale, cet argent.

Il a baissé la tête, un peu penaud. J'avais envie de le rassurer. Ne t'inquiète pas, papa, j'ai des réserves, on n'est pas à cinquante mille euros près.

Mais, naturellement, j'ai gardé ça pour moi. Pour l'instant, mon plan marchait comme sur des roulettes.

10

Il n'était pas neuf heures que Louis m'avait déjà appelé pour me demander quand on se retrouvait. Je lui ai répondu que j'arrivais. Je sentais qu'il bouillait d'impatience.

Mes parents, eux non plus, n'avaient pas choisi de faire la grasse matinée. Ils prenaient leur petit-déjeuner et, à la tête de papa, on voyait que, pour une fois, il n'avait pas très bien dormi. Ils discutaient pour savoir lequel des deux appellerait la police.

– Moi, je vais chez Louis, je leur ai annoncé. Il veut qu'on aille voir des vélos ensemble.

– Ah bon ? s'est étonné papa. Tu n'as pas envie d'assister au débarquement de la police ?

– Au contraire, ça tombe bien, est intervenue maman. J'aime autant qu'Aurélien reste à l'écart de cette histoire. Elle l'a déjà suffisamment perturbé.

Je l'aurais embrassée. Je savais que si un des policiers me regardait un peu de travers, j'aurais l'air tellement coupable qu'il se douterait de quelque chose. Et puis, il fallait que je m'occupe de Louis.

Papa a fini sa demi-douzaine de tartines – il en fallait plus pour lui couper l'appétit – et il est allé récupérer la sacoche sous son lit. Il a enfilé ses gants de jardinage et il a essuyé le cuir avec un torchon.

– C'est important de bien effacer nos empreintes, a-t-il expliqué. Au cas où !

Décidément, mon père aurait fait un parfait criminel, j'ai pensé. Puis il est descendu à la cave, il en a remonté sa faucille toute rouillée et il est allé au fond du jardin en s'arrêtant à chaque pas pour élaguer, ici une petite branche d'arbre, là une grosse touffe d'herbe. Il s'est penché par-dessus le mur et est revenu à grandes enjambées.

– C'est bon, il n'y a pas un chat. Allons-y.

Il a saisi la sacoche, l'a dissimulée sous son bras et maman et moi l'avons accompagné jusqu'au tas de branchages.

– Tu l'as trouvée où ? m'a-t-il chuchoté.

Je lui ai indiqué l'endroit. Il a soulevé un peu de notre futur terreau et a glissé la sacoche dessous.

– Comme ça ? m'a-t-il demandé.

– Comme ça, j'ai répondu.

C'était parfait. On la distinguait juste ce qu'il fallait, ni trop ni trop peu.

Nous sommes rentrés et papa a encore tenté sa chance, une dernière fois.

– Magali ?

– Oui ?

– Tu es sûre ? Cent cinquante mille euros, ça représente une somme.

– Benoît !

Le ton sur lequel elle a prononcé son prénom a dissuadé papa d'insister. Il a repris son instrument de jardinage et est sorti, maussade.

– Bon, je vais nettoyer le jardin et faire des tas un peu partout. Je te laisse appeler le commissariat. Moi, je peux pas, ça me fend le cœur.

J'en ai profité pour prendre le large.

– Emmène Bidouille, m'a lancé ma mère. Ça le promènera. Et je ne suis pas sûre qu'il aime la police.

Quand je suis arrivé chez Louis, il était assis sur les marches de sa maison et il m'attendait, l'air furieux.

– Qu'est-ce que tu fabriquais ? il m'a reproché. J'ai failli passer chez toi.

– Pardon, m'sieur, j'ai répondu. J'ai eu une panne de réveil. Ma mère m'a fait un mot.

Il a quand même souri. Mais pas longtemps.

– Alors ? il m'a demandé. C'est quoi ?

– Quoi, quoi ?

– Ben, ce que tu voulais me montrer !

– Suis-moi.

Je savais pertinemment qu'après avoir écouté ce que j'avais à lui dire, il n'aurait plus envie de me suivre. Et j'avais peur que ses parents ou les miens nous aperçoivent en train de nous écharper s'il n'était pas d'accord pour m'accompagner.

– Où on va ?

– J'ai dit à mes parents que tu voulais me montrer un vélo chez le marchand alors faut pas qu'on reste ici. En fait, je veux voir quelque chose et aussi te parler d'un truc. Mais seulement si tu me jures de rien répéter. J'en ai parlé à personne.

– T'as trouvé l'argent ?

Là, je suis resté scotché. Comment avait-il pu deviner que j'avais l'intention de lui révéler la découverte de la sacoche ?

– Pourquoi tu dis ça ?

Il s'est arrêté et m'a attrapé par le coude.

– Allez, avoue. Tu l'as trouvé, hein ?

– Non, c'est pas ça. Mais je veux que tu jures, d'abord.

– OK, je te jure.

– T'as pas craché.

Il a levé la main et a craché.

– Attends qu'on ait tourné au coin de la rue.

Énervé, il a pressé le pas. Nous n'avions pas passé le coin depuis une seconde qu'il s'est tourné vers moi.

– Alors ?

– Ce n'est pas moi qui l'ai trouvé, c'est mon père. Dans le tas de bois le long du mur.

– Arrête !

— Je t'assure.
— Y a combien ?

C'était tout ce qui intéressait Louis.

— On n'a pas regardé ce qu'il y avait dedans. Ma mère n'a pas voulu qu'on y touche. Elle pense que c'est peut-être dangereux. Ils vont appeler la police.

— Attends, c'est dingue ! Tu ne leur as pas raconté ce que tu as entendu ? Vous n'allez pas laisser filer tout ce fric !

— Maman dit que s'il y a de l'argent dedans, c'est de l'argent sale et qu'elle ne veut pas y toucher.

Louis était dans tous ses états.

— Et toi, tu laisses faire ça ! T'imagines ce qu'on pourrait acheter avec cet argent. Si ça se trouve, y a... dix mille euros !

Mon pauvre Louis, si tu savais, j'ai pensé.

— Viens, on retourne chez toi. Je ne veux pas louper ça.

— Si t'as envie de te faire jeter par mes parents, t'as qu'à y aller. Même moi, ils n'ont pas voulu que je reste.

On a continué à marcher, avec Bidouille qui s'arrêtait tous les dix mètres pour essayer de retrouver une odeur connue. Louis grommelait entre ses lèvres.

– C'est pas vrai. J'y crois pas. Déjà que j'ai raté le crime...

Et puis soudain, il a semblé prendre conscience qu'on avançait.

– Où on va, là, d'abord ?

– Je veux voir l'endroit où habitait le comptable. C'est juste à côté de chez Charles.

– Pourquoi tu veux aller là-bas ?

– Comme ça. Pour voir.

– Qu'est-ce qu'on en a à faire, de l'endroit où il habitait ?

– Écoute, Louis, y en a marre. T'es jamais content. Je t'ai déjà expliqué qu'on ne pouvait pas aller à la maison. Ce que je te propose, c'est qu'après on rentre en suivant la rivière. On ne sait jamais, on trouvera peut-être une deuxième sacoche.

– C'est ça, t'as raison.

N'empêche qu'il est resté avec moi. On a remonté la rue Carnot et on a longé le gymnase. On apercevait déjà la rivière au bout de la rue.

– Tu te rends compte, a ronchonné Louis, avec dix mille euros, c'est pas un scoot qu'on pourrait s'acheter, c'est une moto.

– Ah bon ? j'ai répondu l'air innocent. Tu crois ?

– Je crois pas. Je suis sûr. Et tes parents vont filer ça aux flics.

Ça le rendait aussi malade que papa. Et le pire, c'est que je les comprenais. Autant l'un que l'autre.

11

Dès qu'on est arrivés sur le quai Doumergue, j'ai repéré le numéro cinquante et c'est là que je l'ai aperçu. C'était le policier que j'avais vu le long de la rivière, le jeune avec une grande mèche sur le front.

– Louis, regarde le type là-bas, qui vient de sortir de l'immeuble. C'est un flic.

– Comment tu le sais ?

– Il était avec le commissaire l'autre matin. Il s'est même fait engueuler. Le fixe pas comme ça, il va se douter d'un truc. Qu'est-ce qu'il fabrique là ?

– Il doit surveiller la maison du comptable. C'est un truc classique. S'il y a un complice qui rapplique, ils le chopent aussitôt.

Louis ne manque jamais une série policière.

– En tout cas, a ajouté Louis, il est pas discret. C'est pas en restant devant l'immeuble qu'il va piéger des truands.

Le jeune policier était en conversation sur son portable. Il semblait furieux. Il piétinait sur place en agitant son bras libre.

– On va marcher le long de l'eau, j'ai proposé à Louis en commençant à traverser.

Je n'avais pas envie de passer à côté du flic, sur le trottoir qui longeait les habitations. On a continué à avancer, mine de rien, comme si on promenait le chien.

Le jeune téléphonait toujours. Et soudain, il a raccroché, il a fourré le portable dans la poche intérieure de sa veste et il est parti, dans la même direction que nous. Il marchait vite en fixant le trottoir, l'air soucieux.

– On le suit ? m'a dit Louis.

– Ça va pas ! Pourquoi ?

– Pour rigoler. Ça te fait pas marrer de suivre un flic, toi ? D'habitude, c'est le contraire, c'est eux qui suivent les gens.

Parfois, Louis a des idées bizarres. Cinq minutes avant, il voulait rentrer et maintenant, il parlait de filer un inspecteur de police. Mais il avait raison, c'était marrant.

– D'accord, mais on reste loin. S'il nous remarque, on est mal.

– On a le droit de se promener, non ? On n'y peut rien s'il prend le même chemin que nous.

On n'a pas eu besoin d'accélérer. Tous les trente mètres, le flic s'arrêtait et on aurait cru qu'il parlait tout seul. Et puis, il redémarrait, comme s'il avait le feu au derrière. C'était trop drôle. Du coup, en avançant normalement, on allait aussi vite que lui.

On jouait à ceux qui admirent les bateaux et les péniches attachés le long du quai. Bidouille s'arrêtait lui aussi de temps en temps mais c'était pour déposer trois gouttes de pipi le long d'un arbre ou sur un gros anneau d'amarrage, histoire de montrer à ses copains qu'il était passé dans le coin.

– Si je deviens détective un jour, m'a confié Louis, j'aurai un chien. Pour filer quelqu'un, c'est génial.

Le jeune flic est parvenu à une passerelle qui franchit la Moselle et là, il a semblé réfléchir sur la route à prendre. Finalement, il s'est décidé à traverser. Ça paraissait logique qu'on le suive. À cet endroit, la rivière dessine une boucle et ce chemin nous permettait de couper au plus court pour retourner à la maison. Tout à coup, il y a eu un déclic dans ma tête.

– Tu sais, Louis, si ça se trouve, il va chez moi ! Si ma mère a appelé le commissariat, c'est peut-être lui qui a été chargé de se rendre sur place. Le coup de fil qu'il a reçu, ça devait être ça.

Louis a acquiescé, ravi. Il allait finir par se retrouver chez moi et cette idée l'emballait.

– Je te préviens, j'ai précisé, il n'est pas question qu'on rentre à la maison si la police est là.

– D'accord, d'accord, il a acquiescé, pas convaincu.

Mais, en arrivant de l'autre côté de la passerelle, le flic a tourné à gauche, le long de l'autre rive, au lieu de prendre la rue en face.

– Qu'est-ce qu'il fout ? a grogné Louis, furieux. Il s'est gouré !

C'est tout juste s'il ne l'aurait pas rattrapé pour lui indiquer le chemin. Mais maintenant, le flic avait l'air de savoir où il allait. Il marchait à grandes enjambées et nous distançait petit à petit. De ce côté de la Moselle, c'est presque la campagne. Les maisons sont plus petites et les jardins plus grands. Je commençais à me demander s'il était prudent de continuer.

– Il va finir par nous repérer, j'ai dit à Louis.

– Mais non! Tu penses s'il remarque deux enfants qui se promènent! De toutes les façons, on ne fait rien de mal.

N'empêche, les flics, c'est pas du genre à rigoler. Je m'apprêtais à insister quand le blond s'est arrêté près d'une voiture stationnée. On distinguait deux personnes assises à l'avant.

Aussitôt, on a stoppé nous aussi. Ça tombait bien, on venait d'atteindre le bout de la passerelle et on n'avait pas encore tourné dans sa direction. On s'est appuyés sur la balustrade au-dessus de la rivière. Louis a ramassé des petits cailloux qu'il jetait dans le courant, ce qui rendait Bidouille complètement fou. Il avait trop envie de plonger pour aller les chercher.

De l'endroit où on attendait, on apercevait le policier penché sur la portière. Il gesticulait et n'avait pas l'air content.

– Tu vois, m'a dit Louis, c'est exactement comme dans les séries télé. Les flics, ils passent leur temps à s'engueuler.

– Tu crois que c'est des flics, les autres ?

– Forcément. Qui veux-tu que ce soit ? Comme il y a eu un crime sur les berges, ils doivent surveiller le coin.

Il avait raison. C'était évident.

– Trop cool, comme boulot. Il fait beau, tu passes ta journée au bord de l'eau.

– Oui, a répondu mon copain, mais quand il fera une caillante pas possible, ça sera moins drôle. Finies les vacances !

Finalement, le jeune flic a tapé du pied sur le sol et leur a fait signe de partir. Puis il s'est assis sur le parapet en pierre, tourné vers la rivière. On le sentait fou de rage.

La voiture a démarré et s'est dirigée dans notre direction. On avait beau savoir que c'était le seul chemin possible pour elle, on s'est mis à baliser. Ils allaient passer juste à côté de nous.

– Qu'est-ce qu'on dit s'ils nous demandent ce qu'on fait là ? j'ai chuchoté.

– T'inquiète pas. Ils s'en battent l'œil, de nous.

Louis bombait le torse d'un air assuré, mais il n'en menait pas large.

La voiture a ralenti en arrivant au croisement, face à la passerelle. Comme il faisait chaud, le conducteur avait baissé sa vitre et je voyais son bras qui dépassait de la portière. Il a freiné au stop et la voiture s'est arrêtée à moins de trois mètres de nous.

12

C'est à ce moment que je les ai reconnus. Les deux types sur le sentier, l'autre nuit, c'étaient eux. Le petit était au volant et le grand qui, même assis, avait une tête de plus, était à la place du passager. J'ai senti mon cœur taper contre mes côtes. Je ne parvenais plus à respirer.

Et là, le petit m'a regardé, il a vu Bidouille et il m'a lancé :

– Pourquoi tu l'envoies pas prendre un bain, ton clébard ? Moi, je rêve que de ça !

J'étais incapable de prononcer un mot. Je devais sembler complètement stupide. C'est ce qu'ils ont dû penser parce qu'ils ont rigolé. Puis ils ont redémarré.

Aussitôt, Louis m'a incendié.

– Mais pourquoi t'as rien répondu ? T'as bien vu qu'ils se doutaient de rien. Il était plutôt sympa.

Je ne pouvais détacher les yeux de la voiture qui s'éloignait. J'avais trop peur qu'ils m'entendent pour répondre.

– Eh, Aurélien ! Remets-toi. C'est que des flics.

– Ferme-la, Louis, j'ai chuchoté.

– Ils sont au moins à deux cents mètres, y a pas de risques qu'ils t'entendent.

La voiture a disparu dans le virage. Tout à coup, je me suis senti mieux.

– Qu'est-ce que t'as, Aurélien ? On croirait que t'as vu E.T.

– C'est pas des flics, Louis. C'est les mecs qui étaient devant chez moi, l'autre nuit.

– Qu'est-ce que tu racontes ?

– Je te jure. C'est eux. Il faisait nuit, mais je les ai bien vus. J'en suis sûr. J'ai même reconnu sa voix. Viens, on rentre.

Le flic était toujours assis sur son parapet. Lui aussi jetait des cailloux dans l'eau maintenant. Mais il avait des gestes violents, énervés. On n'allait pas passer la journée à l'observer. On a pris le chemin du retour.

– Et alors ? m'a dit Louis. Pourquoi ce ne seraient pas des flics ? C'est normal qu'ils cherchent des indices.

– En pleine nuit ?

Il y avait quelque chose qui ne tournait pas rond, là-dedans. Plus je réfléchissais et moins ça me paraissait normal.

– S'ils étaient au courant que le comptable transportait de l'argent, a insisté Louis, ils n'avaient pas envie que quelqu'un le trouve avant eux.

– Tu les aurais entendus parler, tu ne penserais pas que ce sont des flics.

– Tu sais, dans la police, on parle comme tout le monde. Et peut-être même pire.

– Ils avaient peur d'être soupçonnés d'avoir piqué le fric, Louis ! En plus, ils disaient que le comptable avait une pétoche terrible. C'est eux qui l'ont descendu. C'est pas des flics, je te garantis.

– Tu es sûr que tu les as bien entendus ? Tu n'étais pas à côté et ils ne devaient pas parler fort.

– Je les ai super bien entendus, je t'assure.

Visiblement, Louis ne me croyait pas.

– Et l'autre, le jeune, tu es certain que c'est le flic que tu as vu devant chez toi ?

– Sûr à cent pour cent. Et là, il faisait jour. Je suis resté au moins dix minutes à les observer. Quand le commissaire lui a fait une réflexion, il a remonté sa mèche sur son front.

– Tu réalises ce que tu racontes ? Ça signifierait que le flic est dans le coup.

On a continué à marcher, en silence. Chacun de nous deux retournait l'histoire dans sa tête.

– Tu dois te tromper quelque part, a conclu Louis. C'est pas possible. Soit ces deux types font partie de la police – d'ailleurs, autrement, ils ne seraient pas venus là pour surveiller –, soit le jeune n'est pas flic.

Il n'avait pas tort. Mais c'était bizarre, quand même.

– Pourtant... a-t-il ajouté.
– Pourtant quoi ?
– Je pensais à quelque chose...
– À quoi ?
– L'autre jour, tu m'as dit que les types allaient chercher la sacoche près du moulin ?

– Oui, c'est ce que j'ai compris.

– Eh bien, là, la voiture, elle a continué tout droit. Moi, je m'attendais à ce qu'ils tournent à gauche pour prendre la rue en face de la passerelle. Celle qu'ils ont prise, elle ne va nulle part sauf à l'île, là où il y a l'ancienne minoterie, justement.

Louis, il a le chic pour remarquer ces trucs-là. Moi aussi, quelque chose m'avait paru bizarre mais je ne savais pas quoi. Pourtant, je ne voyais pas bien où cette découverte nous entraînait.

L'île où il y a la minoterie, on allait tout le temps y jouer avant. Il y a très longtemps, avant ma naissance, ils y fabriquaient de la farine et ensuite, l'endroit avait été abandonné. Pour nous, c'était formidable. Le moulin était rempli de cachettes, il y avait encore la grande roue qui plongeait dans l'eau.

Et puis, l'année dernière, ils avaient clôturé la route qui y menait. Ils disaient que c'était dangereux, que des pierres s'éboulaient et que ce n'était pas un lieu pour jouer. Ils avaient aussi posé une grille sur la passerelle qui menait près de chez nous, à l'autre bout de l'île.

On avait traversé la boucle et rejoint la rive, en face de chez moi. Il nous restait un détour à faire pour atteindre l'autre pont mais on était presque arrivés.

– Je peux venir chez toi ? m'a demandé Louis. Si tes parents ont appelé la police, elle doit être partie maintenant.

– Non, ils ne me raconteront rien si tu es là. Mais je te promets que je t'appelle, après. Surtout, tu la fermes à propos du flic et des types, hein ? Si mes parents apprenaient qu'on a suivi un flic, je te laisse imaginer l'engueulade.

– T'es pas fou. Bouche cousue. On se voit cet aprèm ?

– Non, je vais au foot avec mon père.

– Toi, au foot ?

– Je lui ai promis.

Il a rigolé.

– J'espère pour lui que tu ne seras pas dans son équipe.

– Au contraire. Si on perd, il ne me demandera plus de l'accompagner.

13

Quand je suis arrivé à la maison, la police était partie.

— Ben alors, c'est à cette heure-là que tu rentres ? m'a accueilli mon père.

Il était trop impatient de me raconter.

— Faudrait savoir. Vous ne vouliez pas que je reste, alors...

— Ils étaient sidérés. Tu sais, le commissaire qui me regardait de haut l'autre jour, eh bien, il a changé de ton, je t'assure. Au début, ils ont envoyé deux jeunes mais quand ils ont aperçu la sacoche, ils ont appelé leur chef, qui est arrivé avec du renfort : deux spécialistes, couverts de protections. Ils avaient aussi un bouclier en plexiglas et ils ont attrapé le porte-documents à l'aide d'une grande canne télescopique, avec une pince au bout.

– Quand je te disais qu'il fallait faire attention ! est intervenue ma mère.

– Le plus marrant, a continué mon père, c'est qu'ils ne voulaient pas nous montrer ce qu'il y avait dedans. Pas une seconde ils n'ont pensé qu'on y avait touché.

– Naturellement, ton père n'a pas pu s'empêcher de leur demander si c'était dangereux.

Papa a éclaté de rire.

– T'aurais vu leur tête ! Finalement, le commissaire a discuté avec nous. Il nous a remerciés et nous a avoué qu'il y avait de l'argent dans la sacoche. Le plus drôle, c'est qu'il m'a dit qu'il fallait vérifier si les billets étaient bons. Il m'a aussi annoncé que, si c'était de l'argent volé, il y aurait peut-être une récompense mais qu'il ne voulait pas me donner de faux espoir.

– Finalement, tu as tout mis dedans ?

– Aurélien, s'est exclamée ma mère, tu es bien comme ton père ! Il n'y en a pas un pour racheter l'autre.

– S'il y a une récompense, j'aurai ma part ?

Maman a secoué la tête en levant les yeux au ciel. Finalement, elle a souri.

— Oui, a-t-elle répondu. Parce que tu as été honnête.

À mon avis, j'ai dû rougir. J'ai fixé le bout de mes chaussures, un peu honteux. Heureusement, papa a changé de sujet.

— Tu sais, je me suis occupé du problème dont tu nous parlais hier, m'a-t-il rassuré. J'ai demandé au commissaire de ne pas révéler l'endroit où la sacoche avait été trouvée, au cas où ces assassins auraient envie de se venger.

— Et alors ?

— Il a répondu que c'était évident. Il a précisé que ce genre d'information n'est jamais rendue publique. On peut donc dormir tranquilles.

— Et puis ton père a encore fait le malin. Il a demandé combien il y avait dans la sacoche.

— Non ?

— Si, a ri papa. C'est la question que j'aurais posée si je n'avais pas connu la réponse. Alors, ça faisait plus vrai.

— Il te l'a dit ?

— Non. Il a répondu qu'ils devaient compter mais que, là aussi, ça restait confidentiel.

– Bref, a conclu maman, ce n'est pas ce soir que ton père va repasser à la télé.

Papa a encore rigolé. Décidément, cette aventure l'avait mis de bonne humeur. Il en avait oublié les cinquante mille euros qu'il voulait se mettre dans la poche.

– Quelle histoire ! a-t-il soupiré.

– Oui, a renchéri maman. Et c'est quand même mieux qu'elle se termine ainsi.

Papa et moi, on a hoché la tête. Pourtant, je me sentais mal, très mal. Mes mensonges s'étaient accumulés, maintenant j'avais vraiment l'impression de les tromper.

Mais, à ce moment-là, c'était carrément impossible de leur avouer la vérité. Maman semblait tellement heureuse que tout soit fini que je me voyais mal lui annoncer : « La Ferrari de papa, je la commande en jaune ou en rouge ? »

Alors, j'ai souri bêtement en évitant de croiser son regard. Heureusement, papa est une fois de plus revenu sur ses deux sujets favoris, après les copains.

– Bon, on mange un petit morceau et on va au foot, d'accord ?

14

Ceux qui n'ont jamais vu mon père jouer au football ratent quelque chose. Qu'il soit goal, arrière, ailier ou avant-centre, c'est bien sûr le meilleur joueur sur le terrain (selon lui). Mais il excelle aussi comme entraîneur ou comme arbitre (car, à l'écouter, tous les arbitres sont des incapables).

Il lui arrive également d'exercer le métier de médecin. Au moindre bobo de l'un ou de l'autre, il se précipite et masse si énergiquement la contusion que le blessé n'a qu'une hâte : se relever et reprendre sa place, avec une grimace de douleur due bien plus souvent au traitement de papa qu'au choc qu'il a subi. Comme dit mon père : « Moi, j'ai du fluide dans les mains, aucune blessure ne me résiste ».

Curieusement, ceux qui font partie de son équipe sont *toujours* des modèles de fair-play alors que les adversaires sont *toujours* des mauvais joueurs. D'ailleurs, papa ne perd jamais un match. Si les autres gagnent, c'est qu'ils ont triché.

Après le match, mon père refait le match. Il raconte sa passe décisive « à la Zidane », son dribble magique « à la Messi », son tir redoutable « à la Ronaldo ». Puis il explique leurs fautes à ses partenaires et achève enfin son compte-rendu par les mauvais coups des adversaires qui, d'après lui, ont une fâcheuse tendance à confondre le foot avec le rugby.

Ce qui m'étonne le plus, moi, c'est de voir que tout le monde adore jouer avec lui. Une chose est sûre, c'est que, qu'on soit dans son camp ou dans l'équipe adverse, on ne s'ennuie pas quand il déboule sur le terrain. Il joue autant avec la voix qu'avec les pieds. La réflexion qui tue, c'est sa spécialité et – c'est un de ses copains qui m'a confié ça un jour – s'il n'était pas là, jouer au foot serait nettement moins marrant.

En tout cas, comme il manquait un de ses amis cet après-midi-là, je me suis retrouvé arrière latéral et ça a été un vrai bonheur pour les autres qui ont marqué trois buts dans la première mi-temps. Alors, au changement de côté, mon père a traité les avants adverses de « bourreaux d'enfants », il les a pris entre quatre yeux et il leur a expliqué (dans ces cas-là, il doit penser que je suis sourd) que je n'aimais pas beaucoup le foot et qu'ils n'avaient pas intérêt à m'en dégoûter complètement.

Puis il a pris la place de l'arbitre et les autres se sont mangé trois penalties en un rien de temps, ce qui nous a permis de revenir au score.

Finalement on a terminé à égalité – quatre partout – et mon père m'a félicité en me disant que si j'avais eu des faiblesses au départ, je m'étais drôlement bien repris par la suite et que c'était en grande partie grâce à moi qu'on avait... gagné ! Oui, gagné.

Cette « victoire » l'avait mis d'excellente humeur. Alors il n'a pas pu s'empêcher de leur raconter le coup de la sacoche.

– Quoi ? a bondi un de ses copains. T'as laissé filer cent cinquante mille euros ? Mais t'es malade !

– C'était ça ou le divorce, a expliqué papa. Et quand tu as Magali en face de toi, elle ne laisse rien passer. C'est pas comme toi dans les buts.

– T'aurais quand même pu nous garder de quoi faire un bon gueuleton !

– J'ai tout essayé. Demande à Aurélien.

J'ai acquiescé, consterné. Avec mon père, les secrets n'étaient pas bien gardés.

Le temps avait soudainement viré à l'orage. Des nuages noirs s'étaient accumulés dans le ciel et mon père m'a proposé de rentrer. Dans la voiture, je lui ai dit que c'était peut-être pas une bonne idée d'ébruiter cette histoire. Il s'est tourné vers moi, stupéfait.

– Mais Aurélien, ce sont des copains. Si tu ne fais pas la différence entre n'importe qui et des copains, c'est grave.

Tu parles. Les copains, s'ils n'ont pas juré craché, ils sont comme les autres. Mais pour faire admettre ça à mon père !

N'empêche que, de mon côté, je ne pouvais pas me vanter. Cette affaire commençait vraiment à m'inquiéter. Je ne sais pas si c'était ce qu'on appelle un mauvais pressentiment mais ça y ressemblait beaucoup.

– Qu'est-ce qu'il y a, Aurélien ? Je te trouve bien silencieux. Tu devrais être content après un match pareil.

C'est ce qui m'a décidé à lui parler. L'air de rien, mon père a le chic pour vous tirer les vers du nez.

— Tu sais, avec Louis ce matin, après être allés voir les vélos, on est rentrés par la rivière.

— Oui. Et alors ?

— Et alors, on a vu le policier qui était là, l'autre matin, sur le sentier. Le jeune qui s'est pris une réflexion du commissaire.

— Le blond ?

— Oui. Il marchait devant nous, il parlait au téléphone, il avait l'air énervé.

— Tu sais, on a le droit de se promener le samedi matin et d'avoir l'air énervé quand on vous ennuie au téléphone.

Il a rigolé, comme d'habitude, et il a ajouté :

— Si ça se trouve, c'est ses collègues qui lui demandaient de venir à la maison alors qu'il était en week-end.

— C'est exactement ce que j'ai pensé. Mais au pont, il a traversé et il a rejoint deux types dans une voiture arrêtée. Deux types bizarres. Ils ont discuté tous les trois et, avec Louis, on voyait qu'ils s'engueulaient.

— Aurélien ! Il faut que tu arrêtes avec cette affaire. Est-ce que tu te rends compte de ce que tu racontes ? Tu as vu un policier dans la rue. Celui-ci a rejoint des amis ou des connaissances et ils ont parlé ensemble. Peut-être que leurs échanges ont été vifs. Qu'est-ce que ça a d'anormal ?

– Ce qui est anormal, c'est que les deux types, ils sont passés devant nous après et que je les ai reconnus.

Papa a poussé un soupir.

– D'accord. Et c'était qui ?

– Les deux types qui cherchaient quelque chose sur le sentier, l'autre nuit.

Là, ça lui a coupé la chique. Mais il s'est vite repris.

– En pleine nuit, à moitié endormi et de la fenêtre de ta chambre, tu voudrais me faire croire que tu as assez vu ces types pour les reconnaître deux jours plus tard, dans une voiture ?

J'ai gardé le silence et puis, soudain, c'est sorti tout seul. Comme ça.

– Je vous ai menti. En fait je suis descendu dans le jardin et je me suis caché dans le gros buisson. Ils étaient tout près de moi.

Papa m'a regardé, il a freiné et il s'est garé.

– Tu es en train de m'expliquer que tu t'es levé et que tu es sorti ? Pourquoi tu ne nous as rien dit ?

– Parce que je savais que vous ne seriez pas contents.

– Sur ce point, tu as raison. Et pourquoi tu ne m'as pas réveillé ?

– Ben, vu ta tête quand je fais du bruit le matin, je t'aurais entendu !

– Pas du tout.

Je me répète peut-être mais mon père est d'une mauvaise foi terrible. Pourtant, je n'étais pas en position de lui faire des reproches.

15

La pluie avait commencé à tomber et papa avait fermé les fenêtres. Avec la buée qui s'accumulait sur les vitres, on se serait crus à l'intérieur d'une bulle de savon. Le monde extérieur devenait flou, il n'y avait plus que mon père et moi, assis l'un à côté de l'autre dans la voiture.

– Avec Louis, j'ai précisé, on était appuyés sur la rambarde au-dessus de la rivière, au bout de la passerelle. Et quand les types sont repartis, ils se sont arrêtés au carrefour, juste à côté de nous. Le plus petit des deux, celui qui conduisait, m'a même parlé.

– Qu'est-ce qu'il t'a dit ?

— Il a rigolé à propos de Bidouille. Il m'a dit qu'il faisait trop chaud et que je ferais mieux de le plonger dans la rivière.

— Et t'as répondu quoi ?

— Rien. Je voyais bien que c'étaient les types de l'autre nuit. En plus, j'ai reconnu sa voix. Alors, ça m'a fichu la trouille. Il a continué à rire et ils ont redémarré. Avec Louis, ça nous a paru bizarre parce qu'ils sont repartis vers l'ancienne minoterie, qui est fermée.

Mon père avait posé un doigt sur le pare-brise et il dessinait des petits ronds sur la buée. Il réfléchissait. Ce que je racontais l'intriguait mais je sentais qu'il hésitait à me suivre dans mes élucubrations.

— Tu sais Aurélien, il y a une explication plus simple. C'est que tes deux types soient des policiers.

— C'est ce que pensait Louis, lui aussi, au début. Mais des policiers, ils ne seraient pas venus devant chez nous en pleine nuit. Et vu ce qu'ils disaient, j'ai bien compris que c'étaient pas des flics.

— Ah ? Parce qu'en plus, tu as entendu ce qu'ils disaient.

Il a ramené sa main sur le volant et l'a serré très fort. Il était énervé, je le sentais.

Ça ne lui plaisait pas de découvrir un nouveau truc toutes les cinq minutes. D'ailleurs, il a aussitôt enchaîné.

— Alors, je t'écoute. Ils disaient quoi ?

— Que le comptable avait les pétoches (ce sont ses mots) et qu'il avait forcément caché la sacoche pas loin. Et puis ils ont parlé d'un autre type, Manu, qui risquait de croire que c'étaient eux qui avaient volé l'argent. Des policiers n'auraient jamais dit ça.

Papa m'a longuement regardé et il s'est penché vers moi.

— Aurélien, c'est important. Tu n'es pas en train de t'inventer une histoire ? Tu sais, ça fait souvent ça : on a l'impression qu'on a vu ou qu'on a entendu quelque chose, on n'en est pas vraiment sûr mais à force de retourner le truc dans sa tête, on finit par se persuader que c'est vrai. Ce que tu racontes, là, ça pourrait être très grave. Alors il faut en être certain, à cent pour cent. Tu comprends ?

Je sentais mes yeux qui piquaient. J'avais peur de me mettre à pleurer. Papa m'a posé la main sur l'épaule.

— Personne ne t'en voudra si tu as fait preuve d'un peu d'imagination. Moi aussi, j'ai toujours aimé les histoires de gangsters.

Sa réflexion m'a énervé. Il ne me croyait pas, c'était évident.

– J'ai rien inventé du tout, papa. J'ai parfaitement entendu ce qu'ils disaient. Et je sais bien que c'est grave. Autrement, je ne t'en parlerais pas.

Il est resté silencieux un bon moment. Visiblement, il se posait des questions. Il a essuyé la buée sur le pare-brise, sans se presser, il a passé un coup d'essuie-glaces, il a remis le moteur en route et, avant de démarrer, il m'a passé la main dans les cheveux.

– Bon, c'est bien qu'on ait parlé de tout ça ensemble. Moi aussi, j'ai besoin d'y voir clair. Alors je vais y réfléchir tranquillement et on en reparle plus tard, d'accord ?

J'ai dit oui, un petit oui. À ce moment-là, il m'aurait demandé si je lui cachais autre chose, je lui aurais tout déballé, pour lui montrer que je n'inventais pas d'histoires. J'étais vexé qu'il doute de moi.

Il est reparti et on a roulé sans parler. Il pleuvait plus fort désormais et les essuie-glaces faisaient jaillir des gerbes d'eau de chaque côté du pare-brise. Un peu avant d'arriver à la maison, il a retrouvé la parole.

– Tu as peut-être raison, il m'a dit. Il y a sans doute quelque chose de pas net là-dedans. Je vais me pencher sérieusement sur la question.

– Tu vas raconter ce que je t'ai dit à maman ?

– Ben oui ! Ça te pose un problème ?

– J'aimerais mieux pas.

– Pourquoi ?

– Elle va m'en vouloir d'avoir menti.

– Mais non.

– Si. Et puis elle était tellement contente que ça soit fini…

Il a garé la voiture devant la maison et il m'a passé le bras autour des épaules.

– C'est d'accord, on garde tout ça pour nous. T'as génialement joué au foot alors je te dois bien ça.

Je ne voyais pas le rapport. Mais ça m'arrangeait plutôt et j'ai pensé que ce n'était pas le moment de discuter. Du coup, j'en ai rajouté une couche.

– Oui, je me suis pas trop mal débrouillé aujourd'hui. J'aime bien jouer arrière.

Il a affiché un grand sourire.

– Et encore, là, c'était rien. Crois-moi, bientôt, tu seras un vrai champion.

16

Le dimanche, mon père avait invité des copains à déjeuner et, comme le temps s'était remis au beau, il a préparé un barbecue dans le jardin.

Louis m'a appelé pour que je passe le voir mais maman a préféré que je lui propose de venir manger des saucisses avec nous.

Il a voulu tout savoir sur la façon dont la police avait récupéré la sacoche. Quand il a appris qu'il y avait cent cinquante mille euros dedans, il est devenu blême. Comme moi, il a converti en scooters, ce qui l'a rendu encore plus malade. Puis, je lui ai expliqué que j'avais tout raconté à mon père à propos du flic et des deux types qu'on avait vus. Louis a hoché la tête.

– Tu as eu raison. J'y ai repensé moi aussi et je suis d'accord : il y a un truc qui ne colle pas dans cette affaire.

– Pourtant, mon père ne m'a pas cru. Il pense que j'ai inventé toute l'histoire pour me rendre intéressant.

– Arrête !

– Si. Il ne l'a pas dit de cette manière mais ça revient au même.

On a mangé nos saucisses et deux amis de papa sont venus me féliciter pour mon match de la veille. Dès qu'ils se sont éloignés, Louis s'est moqué :

– Alors, c'est pour quand, l'équipe de France ?

– Tu parles, je suis sûr que c'est papa qui les a envoyés. Tous les moyens sont bons pour me donner envie d'y retourner. En réalité, j'ai joué comme un pied.

– C'est normal au foot.

Il est marrant, Louis. Et soudain, il est redevenu sérieux.

– Tu ne veux pas qu'on aille jusqu'à la minoterie ? Pour voir ?

– T'es dingue. Imagine qu'ils soient là-bas.

– Justement. Comme ça, on saurait. Ton père serait bien obligé de te croire.

Je n'ai même pas eu à refuser. Ma mère est arrivée. Elle m'a prévenu que les copains de papa allaient bientôt partir et que j'avais des devoirs qui m'attendaient. Elle me regardait bizarrement et j'en ai conclu que papa lui avait tout raconté.

Inutile de dire que j'ai mal terminé le week-end. Je ne parvenais pas à apprendre mes leçons. Quant à mes devoirs, j'avais tellement de mal à me concentrer que j'ai fait n'importe quoi.

À la fin, j'en ai eu marre. Alors j'ai pris un jeu de cartes et j'ai décidé que si je tirais une rouge, ça signifierait que je ne serais pas interrogé le lendemain.

J'ai fermé les yeux et j'ai glissé la main au milieu du paquet. J'ai retourné la carte. C'était le dix de cœur.

17

Je n'ai pas été interrogé le lendemain. Pourtant j'aurais nettement préféré que les cartes se trompent.

Je suis parti comme d'habitude au collège, un peu en retard, et ce dont je me souviens, c'est que je me dépêchais. Si vous ne voulez pas être interrogé, il vaut mieux ne pas se faire remarquer et arriver à l'heure.

Je n'ai rien vu venir. Au coin de la rue, j'ai senti une main se poser sur mon bras et une seconde plus tard, j'étais allongé à l'arrière d'une voiture. J'ai bien essayé de relever la tête mais aussitôt le type qui m'avait attrapé a étendu une couverture sur moi.

– Si tu bouges, si tu cries ou si tu dis un mot, je te frappe ! j'ai entendu.

J'ai déjà eu peur dans ma vie mais une trouille comme celle-là, jamais. La voiture roulait. Au bruit du moteur, je comprenais qu'on n'allait pas très vite.

Au début, j'ai essayé de repérer quand on tournait à gauche ou à droite, pour deviner où ils m'emmenaient. J'ai rapidement abandonné. J'étais perdu.

L'opération n'avait duré qu'une fraction de seconde. Pourtant, ce laps de temps m'avait suffi pour les reconnaître. Celui qui rigolait à propos de Bidouille, deux jours avant, était au volant. Et c'est le grand qui m'avait intercepté dans la rue.

Le pire, c'était de ne pas comprendre. Pourquoi m'avaient-ils enlevé ? Parce qu'ils savaient que mon père avait trouvé l'argent ? Mais dans ce cas, ils devaient aussi savoir qu'il l'avait donné à la police. Est-ce qu'ils cherchaient à se venger ? Ou alors... Ou alors... Tout se mélangeait dans ma tête, la peur m'empêchait d'y voir clair.

On a au moins roulé dix minutes. Et puis j'ai remarqué que le bruit de circulation diminuait. La voiture a alors ralenti et s'est arrêtée. Le type qui était à côté de moi m'a prévenu que si je remuais un doigt, ça irait mal pour moi. Il est descendu, la voiture a avancé un petit peu et le type est remonté. On est repartis mais on n'a pas dû faire plus de cent mètres.

Enfin le type m'a obligé à sortir de la voiture, la couverture toujours sur la tête, il m'a attrapé et chargé sur son épaule. J'ai entendu des oiseaux chanter. Et puis, soudain, une autre voix.

– Tout s'est bien passé ?

– Nickel, a répondu la grande brute. On l'a chopé sur le chemin du collège.

– Qu'est-ce que vous voulez ? j'ai crié. Qu'est-ce que je vous ai fait ?

– T'occupe, a répondu la première voix. Et commence pas à nous les briser, sinon ça va être ta fête.

La voix, calme et méchante, m'a terrorisé. J'ai compris qu'il devait s'agir du Manu dont les deux autres parlaient devant chez moi sur le sentier. Il fichait une telle trouille à ses propres complices qu'il valait mieux se méfier. Je n'ai plus prononcé un mot.

J'ai senti que le grand qui me portait ouvrait une porte, puis une autre, qui grinçait. Il m'a posé sur le sol et il m'a annoncé :

– Quand je te préviendrai, tu pourras enlever la couverture. Mais pas avant, ou je t'en retourne une que tu vas t'en souvenir.

Je suis resté immobile. Je l'ai entendu sortir et tirer le verrou de la porte.

– Maintenant, tu peux, il a crié.

S'il ne voulait pas que j'aperçoive son visage, il avait tout faux. Je savais très bien qui il était.

J'ai retiré la couverture et, immédiatement, j'ai reconnu l'endroit. La minoterie, j'y ai joué des dizaines de fois, je me suis caché dans le moindre recoin.

La pièce où j'étais, avec le petit soupirail fermé par des barreaux, avec la grosse porte en fer qui grince, je la connaissais par cœur. À l'époque, Louis et moi, on imaginait que ça ferait une prison parfaite.

Un jour, on y avait même enfermé un de nos copains, Thomas. Quand on était revenus une heure après, il était mort de trouille. Il avait tout raconté à ses parents qui avaient appelé les nôtres et ce petit jeu nous avait valu un mois de punitions.

C'est curieux mais comme je savais maintenant où je me trouvais, j'ai eu moins peur. J'ai pensé à Thomas et je me suis dit que, moi aussi, j'allais bientôt sortir d'ici. Si ces types avaient voulu se débarrasser de moi, ils l'auraient déjà fait. En plus, s'ils me couvraient le visage, c'était pour que je ne puisse pas les reconnaître plus tard. Donc, ils avaient l'intention de me relâcher.

Pourtant, tout ça n'expliquait pas pourquoi ils m'avaient enlevé. Peut-être qu'ils tenteraient de faire chanter la police : « Vous nous rendez l'argent ou on tue le gamin. » Prendre un enfant en otage, ça marche toujours. Oui, c'était sûrement ça.

Mais pourquoi ils m'avaient choisi, moi ?

J'ai imaginé la terreur de papa et de maman quand ils découvriraient ce qui m'était arrivé. Est-ce la police ou le collège qui les appellerait pour les prévenir de ma disparition ? Comme je n'étais pas venu le vendredi, la principale penserait sans doute que j'étais encore resté à la maison. J'en ai eu mal au ventre pour mes parents. J'ai eu envie de leur crier « Ne vous inquiétez pas, je vais bien, on ne me fera rien ! ».

À ce moment-là, j'ai entendu les types discuter de l'autre côté de la porte. Celui avec la voix méchante a dit :

– On ne peut pas appeler d'ici. Ils nous repéreraient aussitôt.

Le petit, dont j'ai reconnu la voix aigre, a ajouté :

– J'accompagne Manu. Toi, tu restes ici.

– Pourquoi moi ? a protesté le grand.

– Parce que c'est comme ça, a répondu Manu. Et tu touches pas au gosse, t'as compris ?

De nouveau, j'ai senti la trouille monter. S'ils disaient ça au grand, ça signifiait qu'il n'aimait pas les enfants. Et vu sa taille, je n'avais pas envie de tomber entre ses sales pattes.

J'ai entendu la voiture démarrer et le bruit du moteur s'éloigner. Ils m'avaient laissé seul avec la grosse brute.

J'ai fait le tour de la pièce et j'ai ramassé les vieux sacs en toile qui traînaient. Il y avait encore « FARINE DE BLÉ - TYPE 55 » imprimé en gros dessus. Je les ai étalés sur l'espèce de bordure en ciment le long du mur et je me suis allongé dessus. Il valait mieux que je ne fasse pas de bruit si je ne voulais pas que la brute déboule.

Combien de temps s'est-il écoulé avant que les deux autres reviennent ? Je n'en sais rien, je n'avais pas de montre. Mais ça m'a paru interminable.

Finalement, j'ai entendu le moteur de la voiture. Je me suis approché de la porte pour écouter. La grosse brute est sortie pour les accueillir. Il y a eu des éclats de voix mais l'épaisseur des murs était telle que je ne comprenais pas un mot. Le silence est revenu et j'en ai conclu qu'ils s'étaient éloignés de la maison. Pour que je n'entende pas ce qu'ils disaient ?

Avaient-ils appelé la police ? Rencontraient-ils des difficultés ? J'étais là à m'interroger quand un coup a été frappé à la porte.

– Tu m'entends ?

C'était la voix du petit.

– Oui, j'ai répondu.

– Tourne-toi contre le mur, dos à la porte.

J'ai obéi. La porte a grincé et il a posé quelque chose par terre. Puis il a refermé.

– Tiens, c'est pour toi. Continue à être bien sage et on te redonnera peut-être à manger ce soir.

Je me suis retourné et j'ai aperçu un sac en papier. Dedans, il y avait deux gros sandwiches et une bouteille d'eau. Je me suis alors rendu compte que j'avais faim et donc qu'il devait être tard.

Maintenant, mes parents étaient forcément au courant. J'ai vu papa bouillir de rage contre la terre entière et maman se tenir la tête entre les mains, désespérée.

J'ai passé l'après-midi à attendre. J'ai compté les pierres sur le mur, j'ai compté les sacs de farine qu'on aurait pu empiler dans la pièce s'ils avaient été pleins, j'ai compté le nombre d'oiseaux différents qui chantaient dehors.

Ensuite j'ai compté combien de pots de Nutella, de téléviseurs, de VTT, de jeux pour ma console on pouvait acheter avec trois cent cinquante mille euros. Je multipliais, divisais, ajoutais. C'est ma prof de maths qui aurait été contente.

Et soudain, l'explication est arrivée, comme ça, brutale, sans que j'y aie réfléchi. Elle m'est apparue, évidente, comme si un éclair m'avait traversé le crâne.

Le flic blond ! C'était lui qui avait prévenu les gangsters que mon père avait retrouvé la sacoche. Oui, bien sûr. Ça ne pouvait être que lui. Le commissaire avait garanti à papa qu'il n'en parlerait à personne. À personne sauf aux autres flics !

Et là, j'ai fermé les yeux. Parce que je venais de réaliser la suite. Si ce flic était de mèche avec ces trafiquants, il devait aussi savoir combien d'argent il y avait dans la sacoche, au départ. Forcément. Et qu'est-ce qu'il se dirait en apprenant qu'il manquait trois cent cinquante mille euros dedans ? Que papa les avait pris !

Voilà pourquoi ils m'avaient enlevé, moi et pas un autre. Parce qu'ils voulaient obliger papa à leur rendre l'argent. Un argent dont il ignorait l'existence.

18

— Bidouille !

J'aurais plutôt dû dire Super Bidouille. Il était là, debout derrière les barreaux du soupirail, en train de m'observer. Il se tortillait dans tous les sens en gémissant.

Je me suis levé d'un bond en posant le doigt sur mes lèvres pour le faire taire. Comment m'avait-il retrouvé ? Mystère ! Il remuait la tête pour essayer de la passer entre les barreaux. J'ai poussé une grosse pierre sur le sol et l'ai amenée à l'aplomb du soupirail.

En grimpant dessus, je parvenais à atteindre les barreaux. Bidouille a fourré son museau dans mes mains puis il les a léchées avec avidité. Mon chien, il est comme ça. Pour dire qu'il vous aime, il fait comme si vos doigts étaient une glace à la vanille. J'en avais les larmes aux yeux.

Je n'avais qu'une peur, c'est qu'il soit si content de m'avoir retrouvé qu'il se mette à aboyer. Alors, j'ai réfléchi, à toute pompe. D'un coup d'œil, j'ai inspecté la pièce. Et j'ai trouvé la solution.

J'ai fait signe à Bidouille de s'asseoir et j'ai foncé jusqu'à mon lit de sacs de farine. J'en ai pris un que j'ai déchiré – c'est fou ce que c'est solide, ces trucs-là ! – sur la longueur. Puis j'ai découpé une fine lanière, celle où était écrit « FARINE DE BLÉ - TYPE 55 ». Je l'ai pliée, j'ai couru au soupirail et je l'ai nouée autour du collier de mon chien adoré.

Le plus dur, ça a été de le convaincre de repartir. Il ne voulait rien entendre. Quand j'ai cru qu'il avait enfin compris, il est revenu cinq minutes après, en remuant la queue d'un air farceur.

– À la maison, Bidouille, à la maison, je lui ai ordonné d'une voix pas contente.

Une bonne heure après, il n'était pas revenu. J'en ai déduit qu'il était maintenant arrivé à la maison. À cet instant, mes parents savaient donc non seulement que j'allais bien, mais aussi où j'étais. La minoterie, j'en avais parlé à papa. Il ferait forcément le rapport avec la farine.

Tout à coup, mon moral est remonté en flèche. Il allait avertir la police et ça allait saigner pour ces tueurs. Bruce Willis et ses potes masqués d'un passe-montagne allaient intervenir, ils dégommeraient Manu d'une balle en pleine poire et ils blesseraient la grande brute d'une rafale dans le ventre, là où on meurt dans d'atroces souffrances.

Quant au petit teigneux, ils lui enverraient une grenade paralysante et j'aurais le temps de lui coller un grand coup de pied dans les fesses avant qu'il retrouve l'usage de ses jambes.

Malheureusement, mon enthousiasme n'a pas duré longtemps. Une fois de plus, j'ai réalisé que ça n'allait pas se passer aussi bien. Si papa n'avait pas cru à mon histoire de policier copain avec ces gangsters, il appellerait le commissariat sans se méfier et le flic blond serait mis au courant. Il aurait le temps de prévenir ses amis. Et alors là...

Fou d'angoisse, je me suis rallongé pour réfléchir. Et c'est alors qu'il m'est arrivé quelque chose d'incroyable. D'inimaginable. D'insensé.

Je me suis endormi.

19

La suite, je l'ai apprise par papa. Comme il l'avait déjà rapportée à deux ou trois journalistes, il la connaissait par cœur.

L'avantage de papa, c'est qu'il adore se raconter (surtout quand il a le beau rôle). Il peut vous répéter une conversation au mot près (il a une mémoire d'éléphant) et vous avez droit au moindre détail, à chaque idée qui l'a traversé à l'instant qu'il décrit.

Pour les mimiques, c'est pareil. S'il a levé les bras au ciel ou s'il a froncé les sourcils au moment des faits, il reproduira les mêmes gestes, au millimètre près.

Et si soudain il se met à hurler, vous pouvez être certain que, dans la réalité, il a piqué un coup de gueule. Avec lui, c'est comme à la télé : il n'y a aucune différence entre le direct et la rediffusion. Et comme il a tendance à revenir au début dès qu'il est arrivé à la fin, vous connaissez très vite l'histoire aussi bien que lui.

Bref, j'avais vu juste. Ce n'était pas la police que Manu et le petit nerveux avaient appelée mais bien mon père. Il était en train de prendre son petit-déjeuner quand le téléphone a sonné. Maman venait de partir au labo et papa a horreur qu'on le dérange quand il vient de se lever (pour le cas où vous auriez oublié). Il a vraiment fallu que Manu insiste pour que papa consente à répondre.

Manu n'a pas dit son nom bien sûr mais après coup, on en a déduit que c'était lui qui dirigeait les opérations. Je résume la conversation, d'après les mots de mon père.

– T'es bien le père du petit Aurélien ? (Manu n'a pas dit bonjour.)

– Oui, qui est à l'appareil ?

– T'occupe ! Tu sais que ton lardon, il est pas à l'école ?

– Ah oui ? Et il est où, alors ? Et qui parle ?

– Ton gamin, il est dans un endroit où il risque de rester longtemps si tu rends pas le pognon.

– Quel pognon ?

Là, mon père a commencé à pâlir. À mon avis (je le précise parce que ça, il ne s'en est pas vanté), il a dû recracher le bout de tartine qui ne passait pas.

– Le pognon que t'as pas filé aux flics, banane. Nous prends pas pour des caves ou ton gamin va choper une très mauvaise note. Très très mauvaise.

Papa ne comprenait plus rien. À part la police et quelques-uns de ses meilleurs copains, personne ne savait qu'il avait trouvé l'argent. En plus, il n'avait pas gardé un sou.

– Je t'entends plus, banane, a grondé Manu.

Papa n'a pas relevé le « banane » qui l'aurait énervé en temps normal. Il pensait à moi et ça l'empêchait de réfléchir.

– Aurélien va bien ?

– Pour l'instant, oui. Mais on n'est pas du genre patient.

– Je ne comprends pas de quel argent vous parlez.

– T'as pas trouvé une sacoche ? Tu l'as pas filée aux flics ?

Mon père a arrêté de tourner autour du pot plus longtemps.

– Si. Mais je ne l'ai pas ouverte. C'est la police qui l'a récupérée. C'est elle qui a l'argent.

– C'est ça. Prends-nous pour des nases. Cent cinquante mille euros, ça fait pas le compte. Alors, tu vas nous filer le reste et vite fait, sinon ton gamin, il va nourrir les poissons.

Papa était coincé. Il comprenait qu'il manquait de l'argent seulement il ne savait ni combien ni pourquoi. Mais s'il leur avouait ça, il donnerait l'impression de mentir et c'est moi qui en pâtirais. Figurez-vous qu'il s'est même demandé si ce n'était pas moi qui avais mis une partie de l'argent de côté.

Désormais, il réfléchissait à cent à l'heure. Il a hésité à entrer dans le jeu de Manu pour gagner du temps mais c'était sûr que les types lui demanderaient de venir aussitôt avec l'argent... qu'il n'avait pas ! Et c'est à ce moment que papa a eu une inspiration de génie.

– Ce n'est pas moi qui ai l'argent. Mais je sais qui c'est.

– Sans blague ! a ricané Manu. T'en sais des trucs, tout à coup, pour quelqu'un qui savait rien. Tu serais pas en train de nous embrouiller, par hasard ?

— Non, ma parole que non.

Papa, il est comme Louis. Quand il ne crache pas, ça ne compte pas.

— Je m'en tape de ta parole. Alors qui c'est le gros malin qui a notre fric ?

— Si je vous le dis, vous n'en reverrez jamais la couleur. Alors que moi, je peux le récupérer. Rappelez-moi ce soir.

— Ou tu me dis qui c'est, ou ton gamin déguste. T'as le choix.

— Je ne peux pas. C'est un flic.

À cet instant, il paraît que Manu a marqué le coup. Il y a eu quelques secondes de silence. Papa en a profité pour en rajouter.

— Moi, je peux lui faire peur, pas vous.

Manu a attendu encore puis, finalement, il a lancé :

— Vaut mieux pour toi et ton gamin que ça soit pas une embrouille. Explique-moi comment ce flic a pu choper l'argent sans que les autres le sachent.

— Quand j'ai appelé le commissariat, on m'a passé un des adjoints du commissaire. Je lui ai dit que j'avais trouvé une sacoche et que je n'osais pas y toucher. Alors il m'a répondu qu'il arrivait. Il est venu avant les autres et nous a demandé de nous éloigner au cas où ce serait dangereux. C'est forcément lui qui a pris l'argent.

– L'enfoiré ! a hurlé Manu.

– Je vous jure que c'est vrai.

– Je parlais pas de toi, banane.

– Rappelez-moi ce soir, a proposé papa.

– Cet après-midi ! Tu te débrouilles comme tu veux. Et t'avise pas de nous mener en bateau, sinon...

– Moi aussi, je te préviens. T'avise pas de toucher à un cheveu d'Aurélien. Sinon, je te retrouverai, où que tu sois.

Ça, c'est ce que mon père m'a dit qu'il avait dit. Mais j'ai oublié de préciser que parfois, il aime bien enjoliver les choses, surtout après coup.

En tout cas, ça n'a pas impressionné Manu.

– Arrête, tu me fais peur, a-t-il rigolé.

Et il a raccroché.

20

Comment mon père a-t-il inventé cette histoire en si peu de temps, je ne sais pas. Il paraît que, souvent, quand on a très peur ou qu'on fait face à une situation extraordinaire, le cerveau se met à fonctionner cent fois plus vite que la normale. Toujours est-il qu'en quelques secondes, papa avait semé le doute dans l'esprit de Manu.

En réalité, papa m'avait cru quand je lui avais parlé de la rencontre entre le flic blond et les deux trafiquants. Lui aussi avait trouvé ça bizarre. Mais il ne me l'avait pas dit pour ne pas m'effrayer et pour m'inciter à oublier cette affaire.

Maintenant, je comprenais pourquoi, quand ils étaient revenus à la minoterie, Manu et le petit nerveux étaient furieux.

Soudain, ils se demandaient si ce n'était pas leur copain flic qui les avait trompés.

Aussitôt après avoir raccroché, papa a téléphoné à l'école, où on lui a confirmé que j'étais absent. Puis il a appelé maman, qui a failli s'évanouir en apprenant la nouvelle. Mettez-vous à sa place. Moi, Aurélien, le meilleur en tout, le plus beau et le plus intelligent des enfants (si, si, je vous assure!), j'étais prisonnier de malfaiteurs qui n'avaient pas hésité à tuer un comptable! Autant dire qu'elle est rentrée dare-dare.

Par moments, mon père est vraiment incroyable. Non seulement il parvient à redonner le moral à ma mère, mais il réussit aussi à prendre les décisions nécessaires.

Il a appelé le commissaire qui lui avait laissé sa carte et il l'a convaincu, d'abord de venir sur-le-champ, et ensuite de n'avertir personne de son équipe. Il n'était pourtant pas au bout de ses peines. Quand il a annoncé à ce dernier qu'un de ses adjoints était de mèche avec les malfaiteurs, le commissaire l'a interrompu immédiatement.

– Je comprends votre inquiétude, a-t-il dit, mais vous lancez là une accusation d'autant plus grave que vous n'avez aucune preuve.

– Mon fils et son ami l'ont vu avec eux !

– Pardonnez-moi mais, en admettant qu'ils l'aient vu avec deux personnes, rien ne prouve que ces personnes soient les kidnappeurs de votre fils. Mieux, rien ne prouve que ce soient des malfaiteurs. Vous connaissez l'imagination des enfants.

– Monsieur le commissaire, il y avait cent cinquante mille euros dans cette sacoche.

– Peut-être bien. Et alors ?

– Alors vous devez vous souvenir que vous avez refusé de m'en donner le montant, non ? C'est le kidnappeur de notre fils qui m'a annoncé ce chiffre. Comment l'a-t-il appris si ce n'est par quelqu'un de votre équipe ?

Le commissaire a plissé le front, comme quand une réponse tarde à parvenir au cerveau. Papa a asséné le dernier coup.

– Et qui lui a dit que j'avais trouvé cette sacoche ? Qui savait que c'était moi, en dehors des gens de votre équipe ?

(Et en dehors de ses copains du foot, aurait pu ajouter papa. Mais il a évité de le préciser.)

Le commissaire l'a longuement regardé. Puis, convaincu par la démonstration imparable de mon père, il a sorti son portable de sa poche et a appuyé sur une touche.

– Allô, Mortier ? Brégançon à l'appareil. Écoutez-moi bien Mortier, c'est important. Chavane est là ?... Bien. Et le petit Loussier ?... Il tape son rapport ? Parfait. Surtout, Mortier, vous ne laissez rien paraître et vous faites exactement ce que je vous dis. Et en douceur, Mortier, en douceur. Avec Chavane, vous allez m'alpaguer Loussier et me le menotter au radiateur. Vérifiez bien qu'il n'a pas son arme de service, hein, pas de conneries !... Quoi ? J'ai l'air de blaguer, Mortier ? Ce petit salopard est en cheville avec les assassins du comptable. Mais vous gardez ça pour vous, hein ?... Rien, vous ne lui dites rien, pas un mot, juste que je veux le voir. Plus il se posera de questions, mieux ce sera.

Je suis là dans un quart d'heure... Oui, Mortier, oui. Ah, une dernière chose, vous ne répondez pas si son portable sonne et si quelqu'un le demande sur le fixe, vous faites dire qu'il revient dans une demi-heure. C'est compris ?... Mortier, je compte sur vous, vous me faites ça aux petits oignons ?... Parfait, j'arrive.

Papa et maman observaient le commissaire, une lueur d'espoir dans les yeux.

— Bravo pour ce que vous venez de faire, leur a lancé ce dernier. Ça va peut-être vous surprendre après ce que je vous ai dit mais il y a un moment que je me pose des questions sur mon lieutenant. Vous venez de confirmer mes doutes. Ce Loussier joue aux cartes, aux courses, à tout ce à quoi on peut jouer. Et il perd, beaucoup. Je vais vous retrouver votre Aurélien, croyez-moi. Loussier n'a pas envie de finir sa vie entre quatre murs et il va nous lâcher le morceau, je vous le garantis.

— Mais si vous intervenez, a pleurniché maman, ils vont s'en prendre à Aurélien et...

— Faites-moi confiance, madame. Je préférerais les laisser s'échapper que mettre votre fils en danger.

– Promettez-moi que vous allez nous tenir au courant de ce qui se passe, a exigé papa.

– C'est promis.

– Et qu'est-ce que je réponds quand les autres vont rappeler ?

– Vous essayez de gagner du temps. Dites que Loussier – maintenant, vous pouvez même citer son nom – vous a donné rendez-vous ce soir et qu'il vous précisera le lieu en fin d'après-midi.

21

C'est ainsi que, pour mes parents, a commencé une journée très difficile. Heureusement, mon père a appelé deux copains qui ont aussitôt lâché ce qu'ils faisaient. Ils ont débarqué avec leur femme à la maison.

Si j'étais inquiet, ce n'était rien à côté de ce que subissaient mes parents. Maman a réglé son compte à une boîte entière de mouchoirs en quelques minutes. Puis, pour s'occuper l'esprit, elle s'est donc lancée dans la préparation d'une tarte au citron meringuée « pour quand je reviendrai ».

Quand ma mère cuisine, elle entre dans un monde parallèle où elle ne pense plus qu'à fouetter jusqu'à ce que ça épaississe, qu'à touiller jusqu'à ce que ça éclaircisse, qu'à chauffer jusqu'à ce que ça brunisse. Elle pèse, elle malaxe, elle mesure et, pendant ce temps, la maison pourrait s'écrouler (ou son Aurélien chéri se faire torturer) qu'elle ne s'en rendrait pas compte.

Mais ce n'était pas un jour comme les autres et pour la première fois, maman s'est arrêtée net dans la préparation d'un gâteau. Elle venait de commencer à monter ses blancs en neige quand la sonnerie du téléphone a retenti.

Son mixer lui est pratiquement tombé des mains et elle a couru derrière papa qui se ruait vers le combiné. C'était Manu qui, de nouveau, ne s'est pas encombré de formules de politesse.

– T'en es où ? a-t-il questionné abruptement.

Papa a pris une voix abattue.

– J'ai eu le policier et...

– Qui c'est ? l'a interrompu Manu. Maintenant tu me files son nom ou je tranche une oreille à ton fils.

J'imagine la tête qu'aurait fait maman si c'est elle qui avait décroché.

— Loussier, a obéi papa. Un des lieutenants du commissaire.

— L'empaffé!

Une fois de plus, il y a eu trois secondes de silence au bout de la ligne.

— Et alors? a repris Manu, méchant comme une teigne.

— Il m'a donné rendez-vous ce soir. Il me rappelle pour me dire où et à quelle heure.

Papa essayait de gagner du temps, comme le lui avait conseillé le commissaire.

— Écoute-moi bien, banane, vaudrait mieux que tu sois convaincant. Parce que, tant qu'on n'a pas récupéré le pognon, ton mouflet aura rien à becqueter. T'as saisi?

— Ne vous inquiétez pas...

— C'est toi qui devrais t'inquiéter. On t'a à l'œil, banane.

Et il a mis fin à la communication.

Aussitôt, papa a prévenu le commissaire qui, de son côté, n'avait pas vraiment de bonnes nouvelles.

Car le lieutenant Loussier refusait d'avouer. Il niait avec une violence qui finissait par déstabiliser certains de ses collègues. Il niait avec d'autant plus d'assurance qu'il n'avait pas pris l'argent, bien sûr. Et quand ses collègues lui annoncèrent mon enlèvement, il manifesta une telle surprise que les autres crurent à sa sincérité. En fait – on l'apprit plus tard – il n'était pas au courant. Manu et ses complices avaient organisé le rapt sans l'avertir.

Mais, comme il le confia à mon père quelques heures plus tard, le commissaire Brégançon tint bon et quand, dans l'après-midi, le portable de Loussier sonna, c'est lui qui répondit à la place de son lieutenant.

Il la joua très fine en chuchotant « Je peux pas parler tout de suite ». Manu le menaça alors de « lui faire sauter la tête s'il ne rendait pas le pognon ». Le commissaire décida de raccrocher. Il avait sa preuve et voulait laisser Manu dans l'incertitude.

C'est exactement au même instant que Bidouille, qui était sans doute allé faire le tour des copains, rentra à la maison. Mon père aperçut la lanière provenant du sac de la minoterie.

Il rappela le commissaire qui lui annonça que Loussier venait d'avouer. Et la découverte de mon message « FARINE DE BLÉ - TYPE 55 » confirmait ce que son lieutenant ripoux venait de lui révéler sur le repaire de Manu et de ses complices.

Je dormais encore quand un véritable coup de canon m'a réveillé en sursaut. Si l'attaque des policiers a duré une minute, ça a été le maximum.

Abrité dans ma prison, je ne voyais rien, en dehors d'une petite fumée qui se faufilait sous la porte. Croyant à un incendie, je me suis approché et j'ai commencé à tousser et à pleurer. C'était du gaz lacrymogène.

En revanche, j'entendais des cris effrayants.

– Police ! On ne bouge pas !
– Police ! Allonge-toi !
– Les bras en l'air !
– Lâche ça ou t'es mort !

Je me suis retourné et j'ai aperçu un type avec un passe-montagne derrière le soupirail. Il avait passé le canon d'un fusil entre les barreaux et visait la porte. Il m'a fait un signe pour que je me pousse dans le coin de la pièce.

Et puis la porte s'est ouverte, lentement. Un type en noir avec un énorme fusil et un masque à gaz sur la tête est entré. Il a enlevé son masque et m'a souri.

Il ne ressemblait pas du tout à Bruce Willis.

ÉPILOGUE

Je ne vous raconte pas la tête de Louis quand il m'a découvert à la télévision. Ils avaient flouté mon visage mais mon copain m'a tout de suite reconnu. Mes copains du collège aussi.

Pendant au moins une semaine, je suis devenu une star et, je peux le dire, c'est drôlement bien quand ça ne dure pas plus longtemps.

Pour mon père, ça a été différent. D'abord parce que, lui, il est passé à visage découvert et ensuite parce que la célébrité, ça ne l'a jamais dérangé. À mon avis, à force de raconter l'histoire, il finira par être persuadé que c'est lui qui a fait sauter la porte de la minoterie, lui qui a désarmé les trafiquants et sauvé la vie de son fils.

Mais, comme disent ses copains, c'est pour ça qu'on l'aime, Benoît.

Maman, elle, s'est contentée d'arranger son maquillage avant de passer devant les caméras. Malgré son sourire éclatant, on devinait qu'elle avait vécu des moments difficiles. Elle a juste déclaré qu'elle aimerait que tous les enlèvements d'enfants se terminent aussi bien. Elle était belle comme un jour sans nuages.

Huit jours après, le commissaire est revenu à la maison avec une petite surprise. Il a annoncé qu'en remerciement pour les services rendus, le préfet avait décidé de nous allouer dix pour cent de la somme récupérée. Il a remis à mon père un chèque de quinze mille euros.

Je peux vous dire que je me suis senti tout drôle.

Ensuite, il nous a expliqué qu'il n'avait jamais compris cette affaire d'argent manquant. Manu et ses complices restaient persuadés que la police « s'était sucrée au passage », que la sacoche contenait trois cent cinquante mille euros de plus. Le commissaire en avait déduit que le comptable assassiné avait caché une partie du magot. La police avait donc fouillé son appartement de fond en comble mais elle n'avait rien trouvé. Le commissaire a conclu en disant qu'avec un peu de chance l'argent referait surface, un jour. Mais il n'y croyait pas vraiment.

– Tout le monde n'est pas comme vous, a-t-il glissé à mon père. Moi-même, si je trouvais une somme pareille, sachant qu'elle appartient à d'infâmes trafiquants, je dois dire que j'hésiterais avant d'aller le crier sur les toits.

Trois semaines plus tard, cet argent m'empêchait toujours de dormir. Alors, un jour que maman était partie faire des courses, je suis descendu dans le salon avec mon sac en plastique à la main. L'OM était en train de mettre la pâtée au Paris Saint-Germain et mon père était de très bonne humeur.

C'est la première fois de ma vie que j'ai vu papa arrêter de regarder un match de foot.

Il a compté les billets, il a recompté les liasses, puis il s'est immobilisé et m'a juste dit :

– Aurélien, est-ce que tu te rends compte ?

J'ai fait oui de la tête. Il a replongé son regard dans le mien et il a ajouté :

– Aurélien, est-ce que tu te rends compte que je vais devoir annoncer ça à ta mère ?

J'ai refait oui de la tête. Alors il a penché lentement son visage sur les liasses et il a conclu :

– Eh bien, voilà qui nous promet une belle soirée.

DU MÊME AUTEUR, DANS LA MÊME COLLECTION

ANTOINE ÉCHAPPERA-T-IL À LA POLICE ?

Plus fort que la police

En rentrant chez lui, Antoine assiste à l'arrestation de sa mère pour vol au supermarché. Son père, braqueur, est en prison pour plusieurs années.
Résolu à échapper à la police et à un placement en famille d'accueil, le garçon se réfugie dans son grenier et échafaude alors un plan infaillible.
Après tout, il est le meilleur élève de sa classe…

« Ce livre a reçu l'aide du CNL. Il a été en grande partie écrit dans la résidence d'auteur de Châteldon, une petite commune d'Auvergne dont le maire et ses adjoints œuvrent chaque jour pour faire du mot "Bienvenue" l'un des plus beaux de la langue française. Châteldon a vraiment un don. »

500 000 euros d'argent de poche : LES PRIX

Prix Centaure jeunesse 2013
(Noisy-le-Roi)

Prix Lionceau noir 2014
(Neuilly-Plaisance)

Prix des écoliers de Rillieux-la-Pape 2014

Prix des Embouquineurs 2013-2014

Prix Enfantaisie 2014
(Suisse)

Prix L'encre d'or 2014
(Fouesnant)

Prix Bouquin Malin 2014
(Oloron-Sainte-Marie)

Prix Croq'mots 2014
(collège Claude-Monet, Magny-en-Vexin)

L'AUTEUR

Contrairement à ce que ses origines corses laisseraient supposer, **Rémi Stefani** est né à Cherbourg, près d'une de ces grandes plages qu'il affectionne. Si son personnage Aurélien est enfant unique, Rémi, lui, n'a rien d'un solitaire. En plus de ses deux enfants, il a en effet trois sœurs, six frères et une famille aux ramifications innombrables comme on les aime sur l'île de Beauté.

Rémi Stefani a longtemps travaillé dans la publicité et vous avez certainement vu l'un des nombreux films qu'il a conçus. Ce métier, où il s'exprimait en quinze ou trente secondes, explique qu'il ait souhaité inventer des histoires à la fois plus personnelles et plus longues.

Rémi Stefani habite à Saint-Cloud. Il consacre désormais tout son temps à l'écriture de romans, de scénarios et de chansons.

Retrouvez tous les titres de la collection

sur **www.rageot.fr**

RAGEOT s'engage pour
l'environnement en réduisant
l'empreinte carbone de ses livres.
Celle de cet exemplaire est de :
530 g éq. CO_2
Rendez-vous sur
www.rageot-durable.fr

Achevé d'imprimer en France en août 2016
par l'imprimerie Normandie Roto Impression s.a.s.
Couverture imprimée par Boutaux (28)
Dépôt légal : mars 2013
N° d'édition : 3933 - 01
N° d'impression : 1603329